中华民族人文修养经典故事丛书
[illegible]学德育教育系列读本

仁

博爱利他之道

REN
BOAI LITA ZHI DAO

系列故事

编著　李彗生
改编　李尚明

人民东方出版传媒
東方出版社

图书在版编目（CIP）数据

仁——博爱利他之道 / 李彗生 编著；李尚明 改编．—北京：东方出版社，2019.9
（中华民族人文修养经典故事丛书）
ISBN 978-7-5207-1131-9

Ⅰ．①仁… Ⅱ．①李… ②李… Ⅲ．①品德教育－中国－青少年读物
Ⅳ．①D432.62

中国版本图书馆 CIP 数据核字（2019）第 178423 号

仁——博爱利他之道
（REN BOAI LITA ZHI DAO）

编　　著：李彗生
改　　编：李尚明
责任编辑：蒋建平　陈建华
出　　版：东方出版社
发　　行：人民东方出版传媒有限公司
地　　址：北京市朝阳区西坝河北里 51 号
邮　　编：100028
印　　刷：成都紫星印务有限公司
版　　次：2019 年 9 月第 1 版
印　　次：2019 年 9 月第 1 次印刷
开　　本：880 毫米 ×1230 毫米 1/32
印　　张：10
字　　数：187 千字
书　　号：ISBN 978-7-5207-1131-9
定　　价：39.00 元
发行电话：(010)85924663 85924644 85924641

“中华民族人文修养经典故事”丛书

前　言

在漫漫五千年的历史进程中，中华民族创造了灿烂的中华文化。中华文化为人类的发展做出了卓越的贡献。以儒学为代表的中华优秀传统文化，源远流长，博大精深，熏陶孕育了一代又一代中华儿女，铸造了中华民族特有的气质和品格，铸就了中华民族独特的心理构成、思维方式和文化传统，成为海内外中华儿女的精神家园，是中华民族共同拥有的灵魂的根。历史告诉我们，能否继承本民族的优秀文化传统，是一个民族能否走向繁荣的重要标志。一个具有“精神脊梁”的民族，才是充满希望的民族！

近百年来，由于社会变革的历史原因，中华优秀传统文化的传承和发展遭受到很大的挫折，当今中国，出现了信念危机！我国改革开放历经四十年，中华民族迈进了伟大的复兴时代。当理智面对国家的繁荣时，却发现传统文化、道德意识在我们中间有些失衡，这不能不引起我们的深思和反省。

大力加强对青少年进行民族优秀传统文化的教育，将传统道德与时代精神相结合，普及中华民族优秀传统文化方面的知识，使其精华得以传承并发扬光大，才是中华民族优秀传统文化长盛不衰的希望所在。今天的中小学生，他们中有不少人或只埋头功课、追求分数，期盼金榜题名；或热捧歌星、影星、球星，而对中华文化做出巨大贡献的孔子、孟子及历代圣贤和传统文化却知之甚少，更缺乏系统的学习。只有大力普及推广优秀传统文化，才能使中华民族的优秀文化在他们的心里扎下根，才能使他们更加热爱自己的民族，热爱自己的祖国，肩负起新时代建设强盛国家、强盛民族的历史重任！

编著者结合现代文化传播的时代特点，推出的 “中华民族人文修养经典丛书” 将以孔子为代表的儒学文化精华之忠、孝、诚、信、礼、义、仁、和、廉、恕、智、行等优秀传统经典故事，把孔子之所以成为万代师表的人生轨迹，用连环画形式表现出来，变“阳春白雪，和者盖寡”为深入浅出，通俗易懂。通过大众普及传播方式，让中华民族优秀传统文化在海内外中华儿女乃至全世界民众中广泛传播，中华民族优秀的传统文化就有了发展的空间、成长的沃土，中华民族优秀传统文化这棵参天大树就能根深叶茂！

编辑出版这些人文修养经典故事，意在弘扬中华民族的优秀传统，“子规夜半犹啼血，不信东风唤不回”。希望本书中的故事，能在中华民族文化的传承中，成为提升国民素质的催化剂，去激发中华民族昂然崛起的生命冲动！

“中华民族人文修养经典故事”丛书
李彗生
2019 年 5 月

内容提要

仁，作为儒家乃至中华民族文化中伦理道德的首要内容，历经几千年来的发展，在整个中华民族的文化长河中，对人格的养育，心志的养成，待人待己、兴邦治世，起到了极为重要的规范、约束和导引作用。古往今来，众多名垂青史的伟岸人物，皆为大仁大义之士。历史如此，未来也应是如此。仁，作为人们的道德规范，春秋时就受到社会的普遍重视，到了孔子创立儒学学派时，又将“仁”发展提高到社会“全德之称”的地位，“仁”成为社会道德的总和和道德的最高境界。孔子在《论语》中多处讲到仁。归纳起来有以下几种含义：首先，“仁”是一种品德或道德常识。其次，这种道德意识的主要内容是爱人，忠恕之道和克己复礼。第三，“仁”是社会道德的总和及人的最高道德境界。孟子继承了孔子仁者爱人的思想政治。“仁者爱人，有礼者敬人，爱人者人恒爱之，敬人者人恒敬之。”同时，孟子还发展了孔子的思想。首先，孟子提出人行仁德就是道，这是以仁德为人道所具有的本质，在认识上对儒家伦理学起着很大的影响。其次，孟子提出仁义道德和仁政的政治主张。这样，仁义便成为人类生活的最高准则。孟子的仁政思想是从“爱人”之心到“不忍人之心”发展而来的。韩愈、朱熹、柳宗元、王安石、程颢、程颐等历代大贤认为，“仁”是修身立家治国的根本，五常之中，“仁”为最贵，无所不统。“盖仁也者，天地所以生物之心，而人物之所得以为心者也。惟其得夫天地生物之心以为心，是以未发之前四德具焉，仁义礼智，而仁无所不统。”爱仁者，人爱之。在今天，大力提倡“仁者爱人”、“仁政爱民”，既是人的善良本性使然，更是时代的强烈呼唤。对提升中华民族全民素质，尤其是对培育和养成青少年健康的人格、高雅的志趣、博大的胸怀，将会起到不可或缺的功效。

我们推出的“中华民族人文修养经典故事”丛书——《仁 博爱利他之道》，个个故事独立成篇，图文并茂，简明扼要，紧紧围绕“仁”这一道德范畴，自成一家，故事内容丰富，情节感人。诸如“百姓送粮留太守”说的是西汉时期，陕西左冯翊郡的官府门前，出现了一个令人惊奇的情景：平时寂静的官府门前人山人海，喧闹不停。通往官府的道路上，处处可见拉车的、肩挑的人，从四面八方拥向官府交租送粮。交租送粮队伍中的男女老幼，每个人脸上都带着喜悦，似乎在完成一件了不起的任务。这使人感到很奇怪，从来都是官府逼迫百姓交租，今天人们怎么都自愿地交租送粮呢？这件事情还得从陕西左冯翊郡的太守儿宽为政说起……“不爱金银的皇帝”讲的是汉景帝时代的一天，汉景帝召集文武大臣议事，他问大臣们：“天下所有的东西，什么最珍贵？”大臣们异口同声地说“黄金白银”。然而，汉景帝认为大臣们都没说对，他说：“天底下最珍贵的是农业，没有农业就没有国家的根本。”由于汉景帝以仁爱治国，重农爱民，不爱金银爱农业，关心人民生活，因此，老百姓都感激他的恩德……

目录

目录

仁

博爱利他之道

REN BOAI LITA ZHI DAO

不爱金银的皇帝

1 正是春意盎然的季节，芬芳的花儿竞相吐艳，草木都透着浓浓的绿色，到处是一派生机勃勃的景色。

2 在皇宫的一个后花园里，一对中年夫妻在辛勤地劳作着。只见男的正在耕地，女的则在采摘绿绿的桑叶，俩人有说有笑，特别高兴，没有一点劳累的样子。

3 恐怕谁也没有想到，这对中年夫妻就是西汉景帝和皇后。他们非常节俭，亲自耕地，采桑喂蚕，用自己收获的产物作为宗庙的供品，用自己织的布做祭服。他们以亲自劳动来做示范，号召天下的人都注意节俭，发展生产。

4 有一次，汉景帝召集文武大臣们商议国家大事，他问大臣们："你们说天下所有的东西，什么最珍贵？"

5 大臣们都暗暗发笑，今天皇上是怎么了，怎么问起这么简单的问题，于是异口同声地说道：“黄金白银。”汉景帝又问：“还有呢？”“还有珠宝玉石。”

6“还有吗？”大臣们都不作声了。世界上不是金银财宝最珍贵吗，除此之外还能有什么呢？

7 汉景帝看着大臣们，心里也觉得好笑，这么多人怎么没有一个答对的呢？这时，一位上了年纪的大臣对皇上说：“我们这些人都比较笨，请求皇上指点天下最珍贵的是什么东西？”

8 汉景帝微微一笑：“我认为天下最珍贵的是农业。”大臣们都大吃一惊，怎么说农业最珍贵呢？一斤黄金能买好多的粮食，还是黄金珠宝最贵啊！

9 汉景帝接着说："农业是天下的根本。你们想，一旦没有了地里生产出来的粮食，我们不都得饿死吗？没有地里生产出的棉花，我们不就都冻死了吗？"大臣们都点头称是。

10 汉景帝又说："你们说黄金珠宝珍贵，可是饥饿的时候不能当饭吃，寒冷的时候不能当衣穿，这怎么是天下最珍贵的呢？所以，天下最珍贵的还是农业。"

11 汉景帝的一番话说得大臣们心服口服。汉景帝真是一位难得的不爱金银财宝的皇帝啊！

12 汉景帝既然认为农业是天下根本，就非常注重发展农业。为了让农民过上好日子，他经常找大臣们商议发展农业的措施。

13 有一次，他又召集大臣们献计献策发展农业生产，他问：“你们有什么好办法发展农业吗？说出好办法我会奖赏你们。”

14 “劝农民多多开垦荒地，增加土地面积，就可以多打粮食。”“对农民不要征收太重的租，可以提高农民的生产积极性；否则，农民打的粮食都交租了，谁还愿意干事呢？”“鼓励农民多多地种桑养蚕，种棉织布。”

15　汉景帝说：“好，这些办法都很好，应该马上制定相关法令颁布执行，还要注意农民的劳动时间。农民大忙季节的劳动时间一定不要侵占，国家有什么劳役可选在农闲季节。任何人不得随意侵占农民的劳动时间做劳役，谁占了，我发现了就重重治他的罪。”

16　由于汉景帝重农爱民，全国百姓都注意发展农业生产，崇尚节俭，所以，天下人都吃得饱，穿得暖，安居乐业。汉景帝以仁爱治国，不爱金银爱农业，关心人民生活，因此，老百姓也感激他的恩德。

仁

博爱利他之道

REN BOAI LITA ZHI DAO

陈幼学为民置业

1 明朝万历年间的确山知县陈幼学素以为民分忧、仁政爱民而闻名。

2 一天，陈幼学把他的随从们都叫到知县大堂说：“我叫你们来，是要叫你们完成几项任务，希望你们认真去做。”

3“我们愿听从大人的吩咐。”随从们回答。“从今天起，在3个月内，你们负责给我买800辆纺线车、500头牛，盖1200间房子。你们分工去做，马上行动。”

4 随从们面面相觑，他们不明白：知县大人买纺车和牛、盖房子干什么用？

5 陈幼学看出了手下的疑惑，笑着说：“你们只管干就是了，要这些东西我自有安排。”

6 于是，确山县出现了这样的景象：全县的工匠都在紧张地垒墙盖房子，官府供给工匠们吃住，工匠们则日夜不停地劳动着，人们不禁好奇地问：“知县大人盖这么多房子干什么？”

7 在通往确山县的大路上，整天是络绎不绝的赶牛人，他们向确山县走去，这些牛都是确山县府买的。

8 还有大批的人拉着大车，车上满载着纺车，也向确山县走去，这些纺车也是确山县府买的。

9 确山的人们轰动了，纷纷猜测着县令到底有何意图。

10 3个月过去了，陈幼学看到500头牛买来了，800辆纺车运来了，1200间房子盖好了。他终于宣布了他的计划：“把耕牛分给贫穷的农民耕地使用，把纺车分给贫穷的农妇纺织，把房子分给无家可归的贫苦农民。”

11 手下终于明白了知县大人的一片爱民之心。全县的贫苦农民都欢天喜地地领取了耕牛、领到了纺车、分到了房子。

12 陈幼学为政仁和，处处为百姓着想，时刻为百姓排忧解难，关心百姓的疾苦，把老百姓的利益放在第一位。

13 一年秋天，正值秋收大忙季节，农民正忙着收割庄稼。忽然有一天，县府的城墙坏了。手下马上报告了陈幼学。

14“知县大人，县府的城墙坏了，应当立刻修补。”手下建议。“很严重吗？能不能等一段时间呢？

15“城墙坏得很厉害，必须马上修补才行！”“噢，我知道了。”陈幼学应道。

16 手下都很着急，建议说：“能不能征发农民来修补？”“不行。”陈幼学马上制止，并对手下说：“现在农民正忙着收割庄稼，绝不能耽误他们的时间，哪怕城墙不修也不能征发农民。”“那怎么办呢？”随从们束手无策。

17 陈幼学考虑了很长时间，终于有了一个主意，他对手下说：“招募一下外地的流民，由官府供给他们吃住，发给他们工钱，由这些人来修补城墙。”

18 于是，手下按照陈幼学的办法，用官府的钱粮招募了一些流民，修好了城墙，没有占用农民的劳动时间。

19 百姓们听说城墙坏了，都很担心官府征发民工，影响秋收。但却看到官府已雇人修好了城墙，并没有占用他们的劳动时间，不禁大为感动。

20 陈幼学以仁治民，爱民如子，处处为百姓排忧解难，被后人誉为“为民分忧的好知县”。

仁

博爱利他之道

REN BOAI LITA ZHI DAO

大禹治水不回家

1 四千多年前，我国黄河中游地区经常发生水灾。每当雨季来临，黄河水滚滚而下，波浪滔天。无情的洪水淹没田地，冲毁房屋和村庄。

2 大水像一头贪得无厌的巨兽无情地吞食着大地上的一切。人们奔走呼号，叫苦连天："苍天啊，为什么对我们这样无情！""快救救我们吧！"到处是惨不忍睹的景象。

3 在这危急时刻，一个年轻人勇敢地站了出来，担起了治水的重任，他就是历史上以善于治水而著称的禹。

4 禹对百姓们说："求天是没有用的，关键的是要靠我们自己来治理洪水。一旦我们把洪水治住，它不仅不会伤害我们，而且还能为我们造福，我们有力量制服洪水。"

5“你这么年轻能行吗？”“治理洪水需要大家的力量和智慧，和年纪有什么关系呢？”禹坚定地说。

6 几个老年人提醒禹说：“年轻人，你要考虑好！别忘了你父亲啊！”

7 一提到禹的父亲鲧，禹的泪水就禁不住流了下来，他的眼前浮现出了父亲率领人民治水的形象。

8 禹的父亲鲧生前曾经带领人民治水，奋力和洪水抗争，但由于方法不对头，最后还是没有治住洪水，鲧却因治水失败被杀。父亲临死前殷殷嘱咐："无论如何也要治理好洪水。"

9 想到这里，禹激动地对百姓们说：“我自愿带领大家治理洪水，如果治理不好，我会和我父亲一样死而后已！”

10 人们被禹的果敢所打动，纷纷表示赞同禹的主张。在禹的率领下，大家开始了艰难的治水行动。

11 禹在治水中注意汲取前人的经验，并根据地势的高低和水向低处流的特点，用疏导的方法治理洪水。他不是堵住洪水，而是在洪水通过的地方开一条深沟，让洪水顺着开凿的水路走，这样做不仅能节约人力，控制住洪水泛滥，还能在旱季时灌溉农田，达到旱涝保收的目的。

12 在治水的过程中，禹和大家同甘苦、共患难，把身心都放在治水上。

13 禹带领人们开始治水时，他的妻子生了儿子，禹恰好从家门口经过，他多么想看一眼久别的妻子和刚出生的儿子啊！但一想到千千万万的人都在外治水，自己作为治水指挥，怎么能在这时候回家呢？

14 最后，禹终于狠了狠心没有走进家门，他望着家门自言自语："夫人啊，儿子啊，不是我狠心不见你们！实在是治水的百姓们更需要我啊，我相信你们会理解我！"

15 禹在外治水共 13 年，有三次经过家门都没有回家。大禹“三过家门不入”的事在工地上广泛流传，极大地鼓舞了治水的人们。

16 在禹的带领下，人们同心协力，万众一心，发挥集体的力量，终于克服重重困难，制服了可怕的洪水。从此黄河再也不像以前那样危害人民生活了。

17 禹本着一颗对人民的热爱之心，依靠聪明和才智，带领人民战胜了洪水。人们为感谢禹治水的功劳，尊称他为“大禹”，意思是“伟大的禹”。

18“大禹治水”的故事一直流传到今天，成为千古佳话。

仁

博爱利他之道

REN BOAI LITA ZHI DAO

敢吞蝗虫的皇帝

1 唐朝初年，关中地区（今陕西省中部渭河平原）蝗虫成灾。蝗虫铺天盖地，黑压压一片，农民的大片庄稼被吃光。农民看在眼里，急在心里，眼看来年就得挨饿，却一点办法也没有。

2 一天，太宗皇帝在花园里散步，看见许多蝗虫，便问身边的大臣："花园里为何有这么多蝗虫？"

3 一位大臣说：“现在关中地区正闹蝗灾。”太宗又问：“灾情如何？”大臣回答说：“灾情很严重，很多地方庄稼已被吃光。”

4 太宗十分伤心地说：“百姓是靠五谷为生，蝗虫把庄稼吃光了，身为一国之君，百姓受饿，我如何面对天下人呢？”

5 说着太宗顺手抓住一只蝗虫扔进嘴里吞了下去，并对身边的大臣说：“就让蝗虫吃我吧，我要为百姓承受灾难。”

6 太宗下令：“赶紧运粮到关中，救济百姓。”很快，一大批粮食运到关中，饥饿的百姓手捧着粮食面向长安高呼：“皇帝万岁！”

7 唐太宗李世民青年时期，随父亲李渊南征北战，非常了解百姓的疾苦，自己做了皇帝之后，十分关心百姓的生活，广施仁政。他把百姓比作水，把统治者比作船，说“水能载舟，亦能覆舟”。

8 他告诫大臣们，隋朝灭亡的原因是隋朝皇帝对百姓剥削太重，百姓被迫起来反抗，所以，统治者一定要爱护人民，对人民要施行仁政。只有这样社会才可能稳定，人民才能安居乐业。

9 唐太宗不仅这样说，而且也是这样做的。有一次，他阅读《明堂针灸书》，这是一本讲如何医治疾病的书。书中写道："人体内的五脏，都附在人的脊背上。"当时有一种刑罚，是用皮鞭抽打犯人的脊背。

10 太宗读后，联想到这种刑罚，感慨地说："既然人的五脏附在背上，用皮鞭抽打人，怎能忍受得了，这种刑罚一定要废除。"于是他下令废除了这种刑罚。

11 唐朝初年，由于黄河两岸的堤坝多年未修，经常决堤。有一年，黄河发生了几十年未遇的大水，多处决堤，水到之处，良田被毁，房屋被淹，百姓死伤无数。

12 太宗巡视灾区时，看到茫茫大水，水上不时地漂着尸体，伤心地掉下了眼泪。他对身边的大臣说：“这是我的过错啊！我对不起天下的百姓，如果这些被淹死的人是我的亲属，我……”他再也说不下去了。

13 太宗的船驶到一座山边，山上有许多避难的百姓。他下了船，告诉百姓：“朕会帮助你们渡过难关的。”

14 船一直驶向前方，突然前方有一条小船上传来小孩的哭声，眼看着小船将被大浪冲翻，太宗传令速去救小船上的人。

15 这条小船上只有一个十来岁的小孩。太宗抚摸着小孩，问他：“你父母呢？怎么只有你一个人在船上？”小孩说：“我的父母被大水冲走了，他们事先把我放在这条小船上。”

16 太宗眼中噙着眼泪，紧紧地搂着这个孤苦伶仃的小孩。

17　太宗回到长安之后，拨了大批粮食到灾区，而且也征调了大批军队去修黄河大堤，百姓无不由衷地感谢太宗。这样没过多少年，唐朝国力蒸蒸日上，人口渐渐增多，社会稳定，商业发达。后人因太宗年号“贞观”，所以把他的统治称作“贞观之治”。

18　唐太宗以仁爱之心对待百姓，所以才得到了人民的信赖，使唐朝成为中国历史上继汉朝之后又一个强盛的时代。

仁

博爱利他之道

REN BOAI LITA ZHI DAO

龚太守息盗有方

1 西汉汉宣帝初期，遭受连年灾害的渤海郡陷入一片混乱之中。拿着刀、拿着剑的强盗蜂拥而起，杀人抢劫，偷盗财物，占山为王。大路上随处可见成群结队的逃难者，在刺骨的寒风中冻得瑟瑟发抖……

2 七十多岁的龚遂被皇帝任命为渤海郡的太守，承担起平定渤海郡混乱的重任。接到皇帝的任命后，龚遂日夜兼程，赶到京城去见皇帝。

3 当汉宣帝看到身材矮小、外貌平平的龚遂与自己听说的大不一样时，心想："这么一个小老头儿，能行吗？"

4 汉宣帝试探着问："现在渤海郡很乱，派了很多人去，花费了大量的钱财也不能平息。朕心里很担忧。你看这件事如何处理才好呢？"

5 龚遂回答说："渤海郡地处偏远地区，本来文化就很落后，加上天灾连年，当地的官员又不爱惜灾民，灾民感到实在活不下去了，才去做盗贼的。"汉宣帝问："如果你到了那里，准备用什么方法治理呢？"

6 龚遂说："皇上的意思是让我带兵打败这些盗贼，还是安抚这些盗贼呢？"汉宣帝听龚遂这么一说，很高兴，说："我之所以决定选拔一个有才能的人去担任渤海郡太守，当然最好是安抚了。"

7“我想，应以仁德之心去安抚渤海郡的老百姓，而不能用军队去剿灭。如果皇上赞成用安抚的办法去治理渤海郡，就不能着急，只能像解一团乱麻一样，一步步地慢慢来。”龚遂满怀信心。汉宣帝说：“可以，只要你能平息那里的盗贼就行。”

8 龚遂接着说：“不过，我有一个要求：希望主管大臣不要用通常捕捉盗贼的规定来约束我。”汉宣帝说：“可以，希望你能尽快启程，赶往渤海郡。”

9　龚遂到了渤海郡后，遣走保护他的卫兵，下令各县撤回捕捉盗贼的官吏，又向郡内百姓发布新的法令。

10　法令宣布：“从今天起，凡是手里拿着种田工具的人，都是好臣民，过去的事情不再追究，只有那些继续拿着兵器的人才是盗贼。”

11　百姓看到新法令后，放下心来，不再因为担心自己被官府当成盗贼而东躲西藏。这样一来，不费一兵一卒，渤海郡的盗贼逐渐地平息下来。

12　为了让百姓永弃兵器，勤务农耕，安居乐业，盗贼不再出现，龚遂下令开仓放粮救济贫民百姓。

13 龚遂自己也以身作则，非常节俭。他还经常到田间村舍了解情况，关心百姓的疾苦，劝导百姓精耕细作。

14 对于有刀剑的百姓，就让他们卖剑买牛，卖刀买犊。龚遂劝他们说："你们为什么带刀佩剑而不多准备些农具好好耕种田地呢？"

15　在龚遂的治理下，渤海郡的百姓人人都勤于农桑。龚遂在秋冬时节征收的赋税也很轻。这样，不过几年的时间，渤海郡便被治理得井井有条，百姓生活也好了起来。

16　整个郡内非常太平，夜不闭户，路不拾遗。龚遂也受到百姓的拥护和尊敬。

17 汉宣帝看到龚遂将渤海郡治理得这么好，政绩显著，便把龚遂召回京城。听了龚遂的汇报，汉宣帝非常赞赏。

18 治理国家首先要爱护百姓。龚遂用仁爱之心善待百姓，用宽缓的办法治理渤海郡，至今被传为美谈佳话。

仁

博爱利他之道

REN BOAIL LITA ZHI DAO

汉文帝爱民如子

1 西汉文帝是一个讲求仁义、关心人民疾苦的好皇帝。有一天，汉文帝临朝听政，他问文武大臣："今天有什么事要禀告我啊？"

2"皇上，我有一件事要禀告您。"文帝一看，是掌管土木建筑的文官，便问："你有什么事情？"

3“我想请皇上批准建一座露台。”“建露台有什么用呢？”“建一座露台，上面盖上凉亭，种上花草，夏天您可以在上面乘凉避暑。”

4 文帝问众大臣：“你们认为怎么样？”有一位大臣反驳说：“皇上经常告诫我们要节俭，建露台大约要花费二千四百两黄金，我认为最好不建。”

5“这点费用对皇上不过是区区小意思，皇上应该好好享受嘛！”“不能因为追求享受就随便花钱，建露台的钱相当于百户中等人家的财产，这可以救济多少劳苦百姓啊？”

6 于是大臣们分为两派，一派积极赞成修露台，一派强烈反对。

7 文帝说："我认为就不要建露台了，随便花这么多钱，不如拿来救济百姓，我们一定要节俭啊！"

8 文帝又说："修补露台也要花很多的钱，并且还要役使人民。我住在先帝的宫殿里，常常觉得自己不配，怎么能再奢侈浪费呢？"文帝没有准许这项土木工程。

9 文帝非常关心人民的生活。有一年全国发生大旱，接着蝗虫成灾。农民的庄稼先是旱死了不少，后来又被蝗虫吃掉了一大半，这一年庄稼收成很少，文帝召集众大臣商议对策。

10 文帝问："现在外面的蝗灾怎么样？""灾情严重，蝗虫特别多，几乎把庄稼吃光了。""农民还能收一些粮食吗？""很困难，即使打了一些粮食，也不够交租。"

11　文帝伤心地说：“老百姓真苦啊！今年蝗灾这么严重，看来收成肯定不行了，你们有什么好办法吗？”“我们也没有什么好办法，眼看快到收租的时候了，农民交什么呢？”

12　文帝深思了许久，老百姓今年这么苦，一定不能再收重租了，可是朝廷粮食也不多了，如果不收租，朝廷的费用从哪里来呢？

13 最后，文帝下定决心，他对大臣们说：“我已认真考虑过了，首要的问题是让农民活下来，一定要有饭吃。今年灾情这么严重，我看今年的租税就不收了。”

14 什么？不收租税？大臣们都不敢相信自己的耳朵，皇上不能只顾人民而不顾国家吧，国家没有税收又如何维持呢？大臣们你看我，我看你，一时都愣住了。

15 文帝猜透了大臣们的心思，他说：“今年不收租，开放山林川泽，百姓可以自由地采野果、打鱼。至于皇宫的费用，应大量削减，把多余的人都撤了。”

16 大臣们终于明白了文帝的意思，要关心人民，以人民为主啊，他们都齐声称赞文帝爱民如子。正因为文帝施仁政，注意节俭，爱民如子，所以在他在位期间，天下安定，人民丰衣足食。

仁

博爱利他之道

REN BOAI LITA ZHI DAO

刘秀开国施仁政

1 虽然春天早已经到来，苏醒的土地正等待着人们的耕耘，但本该是人欢马叫的春耕大忙时节，田地里却见不到一位播种的农夫，只有杂草肆无忌惮地生长着。

2 田间小路上，一些骨瘦如柴、满面愁容的农民拖儿带女，到处流浪，沿路乞讨。

3 这事发生在东汉刚刚建立时期。东汉的开国皇帝刘秀目睹了这种景象，心里难受极了：这些农民真苦啊！

4 刘秀信心百倍，决心把东汉治理成最强大的国家。他想："我作为东汉开国皇帝，应该用什么办法来治理国家呢？怎样才能让老百姓安居乐业呢？"

5 刘秀想到了“仁政”。有一天，刘秀召集满朝文武大臣商议国策，他问大臣们：“你们上任后发现什么问题了吗？”“土地都荒芜了，没有人耕种。”“农民都流离失所，无家可归，成了流民。”

6 刘秀说：“我也发现这个问题了，今天我召集你们来，就是商议怎样才能有效地解决这个问题。”一位大臣说：“现在关键的是应该赶紧安抚农民，让农民安定下来，然后才能发展生产。”

7“好，你说的很对。”刘秀环顾了一下其他大臣，“你们有什么安抚流民的办法吗？”

8“首先应该分给流民一些土地，流民有了土地才能安定下来生产。”一位大臣说。

9“这条意见很好，我会安排人分给流民一些土地。你们还有什么办法吗？”刘秀用探询的眼光看着大臣们。

10 大臣们在刘秀的鼓励下，你一言我一语地说起来：“流民手里什么也没有，国家应该分给流民一些粮食、种子和生产工具。”

11“流民安定下来生产，前几年应少收税或不收税。不然，流民劳动一年没有剩下几粒粮食，就不想再生产了。”

12 刘秀很满意，说道：“好，你们提的建议都很好，我马上派人具体地来干这些事情，一定要让流民安居乐业！”

13 这时，一位大臣又说：“皇上，我还有一个建议。”刘秀正高兴，便说：“有什么建议快说。”“皇上是不是把山林川泽也放给流民生产呢？”

14 没等刘秀回答，其余大臣马上反对说：“山林川泽都是国家专门经营的财产，不能分给流民。”

15 提出建议的大臣马上反驳道："山林川泽现在闲着没人管理，让给流民去生产，还可收一部分税，有什么不好呢？"

16 刘秀一听有理，马上说："这条意见也很好，马上执行。"

17 于是，一系列安抚流民、发展生产的措施迅速得到实施。流民得到了土地、农具等，生产积极性提高了，没过几年，日子便好起来。

18 刘秀关心人民，以仁慈之心治理国家，很快就赢得了百姓的支持，建立起繁荣昌盛的一代王朝。

仁

博爱利他之道

REN BOAI LITA ZHI DAO

倪若水贵人贱鸟

1 唐开元年间，时值初春季节，农夫忙于耕田、蚕妇忙于采桑。乡下的人无暇赶集，平日里热闹非凡的汴州城变得异常宁静，街道上行人不多，只有三三两两的差役不时走过。

2 这天，街上来了一群身着华丽服饰的人，他们悠闲自得，有的一路说说笑笑，有的对街道两旁的店铺指指点点。

3 这些是来自京城的“钦差大臣”，他们早就知道汴州一带风光秀丽，今天又看到这儿社会稳定，秩序井然，更觉得汴州是个可以尽情游玩的好地方。

4“朝廷派人来了！”差役急忙跑来报告刺史倪若水。

5 倪若水已任汴州刺史多年，他治理有方，汴州一带比周围其他地区的治安要好得多。他听说朝廷的人来到汴州城，以为有什么大事，赶紧出来迎接。

6 可这批“钦差大臣”住下之后，并没有传达皇上的什么命令，只是以钦差大臣的派头，每日里饮酒作乐，要鱼要肉，稍微招待不周就吹胡子瞪眼睛。

7 他们还整天出入于汴州城内外，有时骑马狩猎，肆意践踏老百姓的农田，毁坏了无数的庄稼。

8 他们有时又去乡下的居民家里搜寻宝物，见到比较珍贵的东西就强行抢走，破坏了人们安宁的生活，百姓们怨声载道。

9 原来，这伙人是唐玄宗派出来采集奇花异草、珍禽奇鸟的“捕鸟使者”。

10 倪若水对“捕鸟使者”的行为非常不满，但他既不能赶走他们，又不想他们再待在这里骚扰老百姓，破坏社会安宁，怎么办呢？

11　一天，倪若水早早地来到他们的住处，向领头的宦官请安，然后问：“大人，不知您为宫廷采集到了什么珍奇宝物”

12“我们这次主要是奉皇上的命令到江南寻找紫鸳鸯的，路过你们汴州，发现这里很好啊！”宦官傲气十足地说。倪若水乘机说道：“据我所知，我们汴州地区根本就没有紫鸳鸯，大人可别误了皇差呀。”

13 宦官听了倪若水的话，明白了他的言外之意：汴州没有紫鸳鸯，你们这些人该走了。宦官一向深得皇上的宠爱，从来不把其他小官吏放在眼里，他带着威胁的口吻说：“你听着，我们是为皇上办事的。谁敢对我们不好，我们回去告诉皇上，那他肯定没有好下场的。”

14 倪若水看到这个家伙仗着是皇上派出的人居然如此蛮横，非常气愤：“如果你们为了寻找紫鸳鸯，就不顾老百姓的喜怒好恶，岂不是贱人贵鸟吗？就不怕失去民心吗？”

15 宦官阴阳怪气地说：“我们贱人贵鸟，你又能把我们怎么样？民心，民心算什么？”倪若水知道和这些不可一世的家伙是无法论出是非的。他决定给皇上写一封奏折。

16 奏折上汇报了那些为皇上采集珍物的人，仗着皇上的权势，沿途要求地方官以好酒好肉侍候的桩桩事例，以及他们骚扰百姓，不守法纪，借为皇上收集珍物的名义，对老百姓敲诈勒索的种种恶行。他在奏折上劝皇上要贵人贱鸟，以免激起老百姓的不满，降低皇上的威信，危及大唐江山。

17 唐玄宗看了倪若水的奏折，知道了派出去的人的行为，非常生气，立刻传下圣旨，取消采集珍奇异物的活动，并处罚了那些横行霸道、仗势欺人的宦官。

18 唐玄宗非常赏识倪若水的才学和胆略，很快便把他调到京城，负责地方的民政事宜。倪若水以民为重，重视民心、民情，贵人贱鸟，成为时人称颂的父母官。

仁

博爱利他之道

REN BOAI LITA ZHI DAO

黄霸仁爱察民心

1 在西汉宣帝时期，有一年，宣帝颁旨要考察全国官吏，文武大臣一早就集合在皇宫门前，等候皇上临朝听政。

2 汉宣帝特别兴奋，吃过早饭即临朝听候文武百官汇报情况。汉宣帝问：“今年谁的政绩最好啊？”“颍川太守黄霸。”文武百官异口同声。

3 汉宣帝问：“何以见得？”大臣们七嘴八舌地说起来：“颍川郡的人口增加最多。”“颍川郡的孝子贤妇最多。”“颍川郡的罪犯最少。”“颍川郡的官吏最廉洁。”

4 汉宣帝越听越高兴，下令重赏颍川郡太守黄霸。

5 黄霸之所以受到文武百官的推崇，确实是因为他仁爱百姓，体察民情，善于整顿吏治。

6 黄霸一上任，就召集全郡官员，商量治理全郡的办法。他问："现在颍川郡主要存在什么问题呢？"

7“最大的问题就是吏治问题，有些人当官为吏却不好好为百姓办事，反而做一些奸邪的事情。”有些正直的官员说。

8“再就是全郡都不尊重年纪大的人，年纪大了没有人管。”还有些人补充说。

9　黄霸仔细听了官员们反映的情况，经过认真考虑，他想出了一个主意："咱们成立一个由年龄大的官员组成的机构，专门负责调查全郡的官吏执法情况。"

10　黄霸又补充说："如果遇到什么不法的现象，立即向我汇报，我自会严肃处理。这个机构同时督促百姓发展生产，照顾老年人，使老年人都能安度晚年。"

11 这一机构设立后果然吏治大有起色，全郡的官吏没有一个敢贪赃枉法了，人人都能认真为百姓做事。同时，对老年人也注意细心照顾，对孤独的贫穷老人，官府负责赡养。从此，人们对年龄大的人也很讲礼貌了。

12 这个机构还督促人民进行生产，他们在乡下来回察看，劝百姓好好耕地种庄稼，家家都要养蚕，养牲畜；房前屋后都种上树。通过督促，全郡的农业生产有了大的提高，人民的生活也好起来了。

13 黄霸还非常注重节俭，从不浪费官府的财产。有一次，颍川郡的一位官员得了病，另外一个官员告诉了黄霸，想辞退那位生病的官员。

14 黄霸没有答应，他说：“那位官员为政怎么样？”“为政倒是很清廉。”

15“他生病的时候，辞退他很不好，就留下他吧。”那位官员不理解。黄霸向他解释说：“你算一下，一个官员生病要花多少钱？”“大约十几两银子吧！”

16 黄霸又问：“假如我们再培养一个新的官员，将花费多少钱呢？”“大约一百两银子。” 那位官员回答。

17 黄霸说："这就对了。官府每年花在这些不必要的事情上的钱财够多的了。这其实都是老百姓上交的税，是百姓的血汗啊！所以，我们只要能节省就尽量节省一些吧！"

18 那位官员听了，敬佩不已。全郡百姓听说后，也都称赞黄霸的仁厚节俭之德。黄霸为政，以百姓为中心，认真为百姓做事，仁爱百姓，使社会安定，生产发展，不愧是一位仁人君子。

仁

博爱利他之道

REN BOAI LITA ZHI DAO

何远『怕』民不怕官

1 何远是我国南北朝时期梁朝的著名清官，他为老百姓办了许多好事，武昌城里的老百姓都非常拥戴他。

2 有一年，武昌遭遇大旱，武昌城里的用水顿时紧张起来，就连知县何远家也得到乡下买水吃，而且还总是如数付钱，乡亲们很是过意不去。

3 几天后，有位乡民手里捧着一串铜钱来到何远家，进门便行礼作揖，诚恳地说："何老爷，我们说什么也不能收您的钱。您喝我们的井水，就算是我们对您的感激之情吧！"

4 何远坚决不收钱，可是，那位乡民趁何远没留神，放下钱，转身就走了。

5 何远想：我虽是县令，应该和普通老百姓一样，绝不能搞特殊。买了人家的水就要付钱，怎么能白用呢？

6 第二天，何远亲自咯吱、咯吱地挑着水来到那位乡民家里，进门第一句话就说：“既然你没收我的钱，那我就不能要你家的水了。”那位乡民一看何远是真心实意地要给钱，知道推辞也没用，非常感动：“这钱我收下了。”

7 事后，有人背地里说何远是害怕老百姓。何远听到这话并未生气，而是意味深长地说：“我是怕老百姓，不过，我怕的是老百姓过不上好日子啊！”

8 听说何远治理社会有方，政绩卓著，太守准备择日到县里巡察。

9 这天清早，何远发现县衙里的差役们忙忙碌碌，在院子里走来走去，有几间房子里还传出刷盆洗碗的叮咚声。

10 何远不知道差役们在忙乎些什么，正好迎面走来一个差役，怀里抱着一大摞陶瓷碟子，于是他拦住差役问道：“大清早的，你们在忙乎些什么？”“回老爷的话，今天太守要来我们县视察，您忘了啊？”差役抱着那么高的一摞碟子，吃力地弯腰回话。

11“太守要来视察，我怎么能不知道。”何远经差役一说心里已明白了八九分，但还是提高嗓门问道：“我问的是，你们在忙什么？”

12“噢，我们正张罗着给太守准备丰盛的宴席呢。”差役已在几任知县手下做事，有一定的阅历，他自认为替何远办事如此周全，一定会得到何远的奖赏，说话时颇有几分得意。

13“立即通知衙门里的人，今天不设宴席。”何远打断差役的话。

14“这，这？不好好招待恐怕不合适吧？难道您就不怕得罪太守大人吗？”差役根据以往的经验推测，对上级一定要礼数周到，热情接待。

15“得罪？哪里的话，我才不怕呢。我是为老百姓做事的，只要老百姓过上好日子，我就心满意足了。”何远坚决地说。

16“可是，可是……”差役无论如何也想不通，何远为什么要这样做。

17“愣着干啥，还不快点通知其他人，记住，一律按日常礼节接待，不准浪费。”何远下了最后的命令，一转身进去了。

18 招待太守的“宴席”都摆在了饭桌上：一碗熟干粮，一杯冒着热气的开水。太守简直难以相信自己的眼睛。

19 他想，自己每次外出巡察都是满桌的山珍海味、满耳的阿谀奉承，可今天居然仅有一只碗、一个杯子。太守非常不满，可又不能在下官面前因为吃喝不好而随便发作，只得硬着头皮吃了这顿饭。

20 可他心里却想："你何远对我如此无礼，看我给你点颜色瞧瞧。"在此后的巡察过程中，太守总是横挑鼻子竖挑眼，但挑剔的都是些鸡毛蒜皮的小事，无法上奏。

21 然而何远的政绩确实非凡：社会秩序井然，犯罪的人廖廖无几；农民安居乐业，官府从不压榨百姓。太守又企图从老百姓那里得到诋毁何远的口实，结果得到的都是发自老百姓肺腑的赞扬之词。太守找不到借口，只好把情况如实汇报给朝廷。

22 没过多久，皇上就破格提升何远为太守。何远不畏强暴，以超人的胆略和勇气，为了老百姓的利益敢于反抗强权，这才称得上是真正的贤德啊。

仁

博爱利他之道

REN BOAI LITA ZHI DAO

百姓送粮留太守

1 西汉时期，陕西左冯翊郡的官府门前，出现了一个令人惊奇的情景：平时寂静的官府门前人山人海，喧闹不停。通往官府的道路上，处处可见拉车的、肩挑粮食的人们，从四面八方拥向官府交租送粮。

2 交租送粮队伍中的男女老幼，每个人脸上都带着喜悦，似乎在完成一件了不起的任务。这使人感到很奇怪，从来都是官府逼迫百姓交租，今天人们怎么都自愿地交租送粮呢？

3 这事情还得从太守儿宽说起。儿宽生在一个贫苦农民家庭，从小就勤奋学习，在朝廷举行的考试中名列前茅，被朝廷录用，派他担任陕西左冯翊郡的太守。

4 儿宽一上任，就时刻注意以仁爱治民，关心百姓生活。他常对人们讲：“老百姓都要吃饭，所以，最重要的应该是把农业治理好。只有地里打出很多很多的粮食，人们才不会挨饿呀！”

5 于是他积极带领农民精耕细作，发展农业生产。他发现，左冯翊郡的灌溉条件不好，天旱时，地里的庄稼就会受损失。儿宽就向朝廷上书，建议开凿六辅渠，这样，就使全郡的庄稼即使在大旱时也能有很好的收成。百姓们的生产再也不受干旱影响了。

6 儿宽处处为老百姓着想。当看到一些百姓穿得破破烂烂，流着眼泪，一脸愁容地到官府来交租时，儿宽感到奇怪，就问他们："你们为什么这么忧伤啊？"

7 一位老人无可奈何地说：“今年收成不好，就打了这么点粮食，刚刚够交官府的租税。”

8“交完租你们吃什么啊？”“没有吃的了。我们都只好饿肚子了。官府的租税是不敢不交的！”说完这位老人便呜呜地哭了起来。

9 儿宽感到很难过，百姓们不容易啊！就打了这么一点粮食都用来交租。我作为百姓的父母官可不能让他们饿肚子啊！

10 于是，儿宽下令免去了这些贫困地区的租税。儿宽对百姓这样好，全郡百姓也非常拥护他，希望他能长久当郡太守。

11 一天，一个不好的消息使整个左冯翊郡的百姓不安起来。“听说儿宽太守将要被罢免了。”“为什么把这么好的太守罢免了呢？”“因为我们郡上交的租粮太少了。”

12 原来，西汉法律规定，每隔几年就要对全国各郡的太守进行考核，哪个郡上交给朝廷的粮食最多，就奖赏哪个太守；哪个郡上交的最少，就罢免哪个太守。儿宽替百姓着想，减免贫困地区的粮租，因此他治理的左冯翊郡上交的粮食就比其他郡少，所以，儿宽有可能被罢免。

13 不安的情绪笼罩了整个左冯翊郡，百姓不愿太守离开，怎样才能留住太守呢？“太守是因为替我们着想才可能被罢免的啊！”“太守对我们太好了，他要是走了，我们以后的日子可怎么过！”

14“我们得想办法把太守留住才行。”“有什么好办法呢？”“现在只有一个办法，就是大家行动起来，主动交上粮租，争取咱们郡上交的粮食最多，这样，太守就不会被罢免了。”

15　于是，全郡百姓行动起来，主动交粮，出现了争相向官府交粮的情景。结果，全郡上交朝廷的粮食远远超过其他各郡，儿宽受到皇帝的大加赞赏。

16　爱护别人的人，必然受到别人的爱戴。儿宽为政，宽厚爱民，百姓也爱戴他、拥护他，于是就出现了故事开头那一幕。

仁

博爱利他之道

REN BOAI LITA ZHI DAO

刘备撤军不弃民

1 东汉末年，刘备在曹操大军接二连三的追击下，只好投奔到荆州刘表那里。刘表非常赏识刘备，用隆重的礼节迎接他，并让他带兵驻守在新野附近。

2 刘表病重时，特意把刘备召来，郑重地嘱托他：“我的儿子没什么才能，手下将领也不够精良，我死之后，你可以兼任荆州刺史。”

3 刘备连连摆手，用温和的声音安慰刘表：“您的几位公子很有才华，您还是安心养病，我是不会忘记您对我的恩情的！”刘表感动得热泪盈眶。

4 有人不理解这件事，劝刘备说：“我看你不如听从刘表的话，他这可是一片真心啊！”

5 刘备仍然用坚决的口气说：“你不了解我，刘表待我如此好，如果我听从他的话，天下的百姓一定会嘲笑我是一个不仁不义的人，我不想被天下人误解。”

6 没过几年，曹操率领大军南征，这时，刘表已经病死了。刘表的儿子刘琮做了荆州牧。

7 刘琮是个贪生怕死的人，他不仅没带兵抵抗，反而急忙向曹操请求投降，但他没敢把这件事告诉刘备。很快，曹军就兵临城下，形势十分危急。

8 刘备得知这一消息后，捶胸顿足，仰天长叹，非常生气地说："刘琮啊，刘琮，你怎么这样没有志气呢？你对不起你父亲对你的谆谆教诲啊！"

9 这时，刘备手下的人，甚至诸葛亮等都纷纷劝说刘备抓住这一有利时机去攻打刘琮，占领荆州这个战略要地。

10 刘备沉思了许久，缓慢而坚定地说：“刘表病重时把他的儿子托付给我，我也答应要好好照顾他，如今要我去攻打刘琮，这种事，我是不忍心做也绝不会做的，你们别再劝了！”

11 当刘备率领部下经过襄阳城时，向城上大声呼喊：“请刘琮出来，我有几句话要说。”

12 刘琮吓得不敢出来。刘备无奈地叹了口气，随后来到刘表的墓前，跪倒在地，扶住冰冷的墓碑，伤心地哭了很久，四周的将领们也感动得眼睛湿润了。

13 刘琮的部下、荆州的军士和老百姓，被刘备对刘表的深厚情义所感动，他们都心甘情愿地跟随刘备前往江陵逃难。

14 到达当阳城时，跟随刘备的士兵和百姓多达十万人，运载粮草、财物的车子也有几千辆，可谓人山人海。

15 百姓们扶老携幼，走得很慢。有人很焦急地劝刘备："我们的目的是占领江陵，按现在的速度走，肯定会被曹军追上的。曹军来了，我们又如何抵抗呢？"

16 刘备很自信地说："我们做大事的，应该懂得争取百姓的拥护。大家这么热情地跟随我，是对我的信任，我又怎么忍心丢下他们不管呢？"

17 这支很独特的队伍仍缓慢地朝前行进着，老百姓的心里都充满了无限的希望。

18 曹操亲自率领精兵追了过来，行动神速。形势实在太危险了，直到这时，刘备才在众人的再三劝说下，与诸葛亮、张飞等人以及几十名骑兵急忙先走一步。

19 后来，刘备采纳了东吴军师鲁肃的建议，与东吴孙权联合起来，共同对付曹操。刘备的力量壮大起来了，生活上有了坚实的保障，那十万老百姓也跟着刘备过上了幸福的生活。

20 刘备为人宽厚，讲求仁义。他处处以仁为重，尊敬帮助过他的人，爱护拥护他的百姓，甚至在危难时也不忍心抛弃随行的平民，被后世传为美谈。

仁

博爱利他之道

REN BOAI LITA ZHI DAO

仁政爱民『小尧舜』

1 故事发生在金世宗（完颜雍）在位期间，北方少数民族政权金定都燕京（今北京）。

2 初秋的阳光，犹如一团烈火，烘烤着大地，不胜酷热的人们都已躲入门窗敞开的室内。

3 这时，在金碧辉煌的深宫大院里，跪着一排披枷带锁的农民。他们在太阳的暴晒下热汗直流，身上的衣服已被汗水浸透。

4 他们一个个都痛苦地低着头，哭丧着脸，默默地忍受着酷热的煎熬。

5 避阴的台阶上，两个大臣正在幸灾乐祸地看着这一情景。他们旁边有一大群伺候的手下，前面有人给他们打着伞，后面有人给他们扇着风，两人嘴里还啃着大西瓜，一副逍遥自在、悠然自得的神态。

6 这时一个农民实在受不住了，抬手擦了一下汗。两个大臣看见了，他们大喊道："大胆刁民，还不老老实实受罚！来呀，给我打二十大板！"

7 于是有几个如狼似虎的手下把那个农民按倒在地，狠狠地打了起来，那个农民痛得大哭大叫。

8 农民的哭叫声惊动了正在宫廷内读书的金世宗，他从屋子里走了出来，看到眼前的情景，勃然大怒，问两个大臣：“这是怎么回事？这些人为什么跪着？”

9 两个大臣一看皇上出来了，吓得变了脸色，赶紧跪地回答：“这是一群刁民，不听朝廷的命令，所以罚他们下跪，以示惩戒，以显圣威！”

10“什么命令？我怎么不知道！”金世宗不解地问。

11 这时，两个大臣你看我，我看你，都不敢回答了。下跪的农民一看到皇上出来了，都大喊起来：“皇上啊！我们冤枉啊！求皇上替我们做主。”

12 金世宗又问：“这是怎么回事啊？”

13“现在是农活正忙的时候，庄稼正等着我们收割呢。可是官府把我们抓来替这两位老爷修房子，我们不想干，他们就惩罚我们啊！”

14 金世宗知道了事情的来龙去脉，不禁大怒，转身对两个大臣训斥道：“太不像话了，怎么在农忙季节征发民工呢？我的宫室坏了，因为怕劳烦百姓还没有修理呢。你们竟然如此大胆！”

15 金世宗说完，下令把农民放了，并命令侍卫把两位大臣各打二十大板。

16 然后说：“你们仔细听着，从今以后，不得滥用民力，否则，我将重重惩罚你们。”两位大臣吓得赶紧满口答应。

17 金世宗平时注意爱护百姓，实行与民休息的政策，减租税，减少劳役，并且自己带头提倡节俭，反对浪费，尽量减轻农民负担。他吃一顿饭只有一两个菜，都不如普通大臣们吃得好。

18 有一次，金世宗出嫁的女儿回到了宫中，看到金世宗吃这么少的菜，感到不解："父亲是一国之主，天下所有的东西都是您的，您怎么吃那么少的菜啊？"

19 金世宗向女儿解释说：“我是皇上，天下的东西我想吃什么就可以吃什么，一天用五十只羊做菜也不难做到，可我不想那么干。”“为什么？”女儿不解地问。金世宗说：“我不忍心那样白白浪费老百姓的血汗啊！农民劳动不容易，应该珍惜他们的劳动果实啊！”

20 女儿非常钦佩父亲的爱民之心。金世宗崇尚节俭，仁政爱民，得到人们的极大拥护，当时国盛民富。后人把他同传说中的尧、舜相比，称之为“小尧舜”。

仁

博爱利他之道

REN BOAI LITA ZHI DAO

刘翊为民斥恶霸

1 东汉颍川郡（今河南禹县）有一座美丽、富饶的大山，山上盛产多种野果、药材，还生活着许多种珍奇的动物。在这座山的山脚下世代居住着几十户猎户，他们靠山吃山，生活虽很劳累，但日子过得倒很美满。

2 富产的山林引起了许多恶霸地主的贪欲。当地有个名叫黄纲的恶霸地主，他的妹妹是当朝的一品夫人——程夫人。

3 黄纲依靠程夫人的权势，横行霸道，鱼肉乡里。老百姓痛恨黄纲，但都敢怒不敢言，连当地官吏也很畏惧他。

4 黄纲对当地这座富庶的大山早已垂涎三尺，总想据为己有。

5 有一年，黄纲直接找到颍川太守种拂，对种拂说："本县的大山被一些刁民占据，有可能要聚众闹事。太守大人，请把大山交给我管理，就可以防止乱民滋生事端。"

6 太守种拂明白黄纲是以此为借口，想要独占大山。如果拒绝，只怕会得罪程夫人；但是，如果同意黄纲的无理要求，又怕老百姓不答应，引起事端。

7 太守种拂一时不知如何是好，便对黄纲说：“此事关系重大，请容我仔细调查一下，再做决定。”

8 打发走黄纲之后，种拂终日忧心忡忡，没有想出好办法来，便准备答应黄纲的无理要求。

9 太守种拂有个手下名叫刘翊，听说太守要同意黄纲的无理要求，非常气愤，直接面见种拂。

10 刘翊开门见山地对太守种拂说："当官不为民做主，不如回家卖红薯。"种拂愁眉苦脸地对刘翊说："我也是实在没办法了，才决定这样做。程家现在权势很大，程夫人又是一品夫人。如果不满足黄纲的要求，恐怕此事会导致程夫人怨恨我，我的官就做不成了。"

11 刘翊立刻接过话头："大人害怕程家，难道您就不怕得罪众人吗？"太守种拂自知理屈，一时回答不上来。

12 刘翊又接着说："请大人好好想一想，如果答应了黄纲的无理要求，那些依靠山林生活的老百姓，他们的日子可又怎么过啊？您难道忍心让他们流离失所、背井离乡吗？"

13 太守着急地问："那你看我该怎么办才好呢？"刘翊回答说："山川林泽，皇帝从不封给任何一个王子，就是为了让老百姓充分利用。"

14 刘翊继续说："您要答应黄纲的无理要求，就难逃助纣为虐的罪名啊。我看您应该以老百姓的利益为重，只要百姓拥护您，黄纲也不敢对您怎么样。"

15 太守种拂认为刘翊说得对，便派刘翊去拒绝黄纲的无理要求。

16 刘翊找到黄纲，对他说："太守大人已经派人调查了大山的猎户情况，认为他们都是皇帝的顺民，没发现有什么违法行为，因此不能剥夺他们打猎的权利。"

17 黄纲很恼火，恶狠狠地对刘翊说：“难道你不怕程夫人怪罪下来吗？”刘翊从容地答道：“皇帝爱护每一个臣民，我们是为皇帝办事的。”

18 黄纲气急败坏地说：“如果我强行占有呢？”刘翊义正词严地对黄纲说：“你如果强占大山，就违反了皇帝的命令。王子犯法与民同罪，任何人违背国家法令，官府都要治罪的。”

19 黄纲没有想到刘翊这么强硬，根本不害怕他的威逼，最后只好打消了强占大山的念头。

20 仁政，也意味着对邪恶的抨击和制裁。刘翊不畏权贵，主持正义，执法如山，为百姓着想，这才是老百姓拥护和爱戴的仁官。

仁

博爱利他之道

REN BOAI LITA ZHI DAO

冒死阻猎的好司马

1 在唐朝时，有一年滑州的春天来得特别早。小草从土里钻出来，尽情地沐浴在温暖的阳光里；树叶儿在春风的吹拂下渐渐长大，泛出浓浓的绿意；农田里的小麦也在春风的呼唤中尽情地生长着，展示着生命的风采。

2 地里到处可见辛勤劳动的农民，他们正在耕地、播种。滑州地区洋溢在一片春和日丽、喜气洋洋的气氛中。

3 突然，田间大道上尘土飞扬，狗叫马嘶。

4 原来，大唐滑州刺史突发奇想，在这时出来打猎。他带着一大队随从，骑着马、牵着狗，放着猎鹰，浩浩荡荡地出了刺史府，顺着田间大道放马狂奔，追逐猎物。在他们身后，卷起漫天尘土和被践踏的不计其数的禾苗。

5 农民一看到自己辛辛苦苦种的麦苗被践踏，都非常伤心。他们一齐跪在刺史的马队前苦苦哀求：“大人啊，求求您回去吧，千万不能这样打猎啊！”

6“快闪开，今天老爷特别高兴，才出来打一会儿猎，你们敢无理取闹，小心你们的脑袋！”几个如狼似虎的随从狗仗人势地吵骂着。

7“大人，我们种庄稼不容易啊！好不容易禾苗长高一些，可惜让大人的人马给踩死了。求大人可怜可怜我们吧！”

8“少啰唆，老爷踩死你几株禾苗算什么？快快闪开道，老爷没空儿和你们胡扯。”手下开始拉扯、踢打跪地的百姓。

9 农民们仍然跪在那里不肯动，声泪俱下地恳求着，一个个头磕在地上。

10 刺史火了，大声命令手下："给我冲过去，挡道的格杀勿论！"

11 手下听了刺史的话，一个个拔出刀，准备砍杀跪在地上的农民。正在紧要关头，忽听有人大喊：“住手！”

12 人们顺着声音望去，见有一匹马飞驰而来，走到近前，人们看清了骑在马上的是滑州司马潘好礼。

13 潘好礼来到刺史的马队前，翻身下马，对刺史说：“请大人息怒，刚才农民们说得有理，还望大人三思而后行。”

14 刺史一看潘好礼来了，心里很生气，原来他好几次想出来打猎，都被潘好礼阻止了，今天好不容易出来，潘好礼却又跟了出来劝阻。

15 刺史虽知道自己理屈，却强词夺理地辩解：“今天天气很好，我一时来了兴趣，所以就出来打一会儿猎，这难道不行吗？”

16 潘好礼说：“在这个时候打猎确实不合时宜，农民的庄稼刚刚长出来，人马一践踏就都死了。大人看看你的马队走过的路，践踏了多少庄稼呀！”

17 刺史说："我身为刺史，踏死几株庄稼算什么？你快快给我闪开，不然连你一块儿治罪。"

18 潘好礼见刺史毫不讲理，便卧倒在刺史马前，对刺史说："大人如果一定要打猎，那么先从我身上踏过去吧，与百姓们无关，让他们走吧！"

19 刺史一看潘好礼卧在马前，吓了一跳，但仍色厉内荏地大喊道：“难道你不怕死吗？”

20 潘好礼说：“我这样做是为了滑州的百姓，死有什么可怕呢？”

21 刺史终于害怕了，他没有料到潘好礼为了百姓甘愿送死，他怕触犯众怒，最后只好灰溜溜地回府了。

22 百姓们都交口称赞潘好礼的大恩大德。潘好礼不畏权贵，为了百姓的利益舍生抗权，被后人称为仁义的好司马。

仁

博爱利他之道

REN BOAI LITA ZHI DAO

田仁会暴日求雨

1 唐朝时期郢州地区的一天清晨，天刚蒙蒙亮，一向清静的刺史府门前就已是人山人海，人们扶老携幼从不同的地方赶到这里来，准备观看一个壮观的场面。

2 当太阳刚刚露出笑脸时，刺史府门开了，从里面走出郢州刺史田仁会。人们欢呼起来，田仁会于是带领人们向社庙走去。

3 百姓们默默地跟着田仁会来到了社庙，看着和蔼可亲的好父母官，百姓们的眼泪禁不住流下来了。

4 原来，郢州地区发生了罕见的大旱灾，农民种的庄稼眼看着一天天地蔫巴，快要枯死了，农民的心里非常痛苦，他们多么盼望老天可怜可怜他们，给庄稼下一场大雨啊！

5 而当时的郢州刺史田仁会比百姓还着急。田仁会为政仁和，爱民如子。像这样持久的干旱，老百姓可怎么办呢？田仁会的心里一天比一天沉重难受。

6 一天，他召集手下商议对策。他焦虑地说：“像这样一直干旱下去，庄稼都快枯死了，大家有什么好办法吗？”“地面的河流早就晒干了，根本就没有水源。除非天能下雨。”手下说。

7 一位老者说："听说有一种求雨办法，要求求雨的人光着膀子在烈日下暴晒，一直晒三天，上天就会降雨。"

8 田仁会说："好吧，那我明天就到社庙去求雨。"手下一听说刺史大人要亲自求雨，都纷纷劝阻他。田仁会说："为了老百姓的利益，我干什么都可以，只要能下雨，我就是豁出性命，被太阳晒死了也值得。"

9 田仁会光着膀子，毒辣辣的太阳毫不留情地烤着他，烫着他的皮肤，烧着他的肉。田仁会强忍着剧烈的疼痛，坚信这样会请来上天降雨，就是自己死了也值得。

10 田仁会还不停地祈祷：“上天啊！为了可怜的百姓下雨吧，只要下雨，我宁愿让太阳晒死啊！”

11　看着刺史大人在烈日的暴晒下已昏死过去了好几次，但仍跪在地上忍受着巨大的痛苦煎熬，老百姓忍不住了。他们也一齐脱光了上身，愿和刺史一起忍受日晒，以求老天下雨。

12　成千上万的人忍受着烈日暴晒的痛苦，人们的诚心终于感动了上苍，在第一天的下午，天就下起了大雨。

13 久旱逢甘雨，人们欢呼雀跃。地里的庄稼在一场大雨之后也都恢复了旺盛的生命力，长势喜人。这一年农民的庄稼获得了大丰收。

14 百姓们永远也忘不了他们的好父母官，他们的刺史大人田仁会。他们逢人便讲："是上天赐给我们这样一位父母官啊！"

15 百姓们说：“只要有田刺史在，我们老百姓一辈子也不会贫穷啊！”田仁会受到了人们的衷心爱戴。

16 田仁会做官，时时刻刻都在想着百姓，为了百姓的利益，他什么都不在乎。他看到有的百姓家很穷，就把自己的俸禄拿出来，周济穷人，自己则生活节俭，丝毫不浪费。

17 在田仁会的治理下，整个郢州地区秩序良好，人民安居乐业，生活富足。

18 田仁会舍身为民求雨，一时成为千古美谈。只有讲求仁政，爱护百姓的父母官才会为百姓奉献一切。这样的官，人民怎么会不拥戴呢？

仁

博爱利他之道

REN BOAI LITA ZHI DAO

魏母爱前妻之子

1 向来热闹嘈杂的街市，这天似乎冷清了许多，行人们互致问候后，都纷纷向知府衙门走去。高挂“回避”“肃静”牌子的衙门前，一反往日的冷清，已是人山人海，人们翘首相问：“这儿到底发生了什么事？”

2 厅堂之下，一个瘦弱的女人正向办案的官员哭诉：“大人，孩子年龄还小，恳请大人能从宽处理，给他一个改过自新的机会。”

3 厅堂之下，围观的人都议论纷纷：“前妻的几个孩子对继母那么不好，根本不把她看成是母亲，她这么做值得吗？”“这样品德高尚的继母就是一位慈母，世间罕有，官府应该给她的儿子减刑。”

4 那么，人们口中的慈母是谁呢？她就是魏国人芒卯的第二任妻子。

5 芒卯的第一个妻子死后留下了五个儿子。为了尽到做母亲的责任，慈母在日常生活中让前妻的儿子吃的、穿的、用的都要比自己亲生的儿子好，可无论她怎样无微不至地关照他们，前妻的五个儿子也不亲近她，有时还出言不逊，对她很不礼貌。

6 这次，前妻的第二个儿子在外面闯了个大祸，按照魏国的法律应处死刑。为了救他，慈母想尽了一切办法，四处奔波。最后，她只好来到官府哀求。

7 办案的官员也很同情慈母，说：“难得你做继母的对前妻留下的孩子这样爱护，可是我不能违背国法，私自做出减刑的判决。

8 慈母挥泪而出，踉踉跄跄地回到家里。她吃不下、睡不着，喃喃自语：“这该叫我如何是好呢？”

9 左右邻居都劝慈母："看你瘦成这个样子，连身上穿的衣服都显得宽大了，你这又是何苦呢？他又不是你的亲生儿子。"

10 慈母说："我怎么可以忘记做母亲的应当尽到的责任？既然我做了他们的继母，就应像孩子的亲妈一样去抚养、爱护他们。"

11 慈母继续说："只爱自己亲生的儿子，不爱前妻留下的儿子，怎么算是一位仁慈的母亲呢？"

12"前妻的孩子把慈母折磨成这个样子，也够可怜的了，再这样下去，她非病倒不可。"

13“可是，国家的法律谁敢更改呀？”人们议论纷纷。

14 慈母仁慈爱护前妻五个儿子的事迹，一传十，十传百，越传越广，魏国的很多百姓都开始议论这件事。

15 后来这件事让魏国安厘王知道了，他很受感动："慈母遵德守义，能够做到这种地步，怎么能不给她些安慰呢？"

16 为了给全国继母树立一个好的榜样，改变社会上虐待前妻子女的不良风气，安厘王决定把这件事按特殊案件处理，下令赦免了前妻的儿子。

17 前妻的二儿子被释放回家后，进屋后便扑到慈母怀里，痛哭悔不当初，说："多谢母亲相救之恩。孩儿不懂道理，过去太对不起母亲了。"

18"事情已经过去了，但你一定要吸取教训，好好做人。"慈母抚摸着终于明白事理的儿子，热泪簌簌而下。

19　前妻的另外四个儿子也被这件事感化了。从此以后，前妻的五个儿子常常对慈母问寒问暖，对慈母就像对待自己的亲生母亲一样，一家人和和美美。

20　爱前妻的孩子甚于自己的孩子，这是人世间大仁大义的美德。慈母以仁爱之心抚育前妻的儿子的事迹，感动了许多人，为后人树立了一个好继母的榜样。

仁

博爱利他之道

REN BOAI LITA ZHI DAO

孟子游魏说仁政

1 这是一个多么美妙幸福的家园啊！每家每户都有百亩可以种植五谷的土地，五亩能种植桑树、养蚕的房宅地，五只母鸡，两头母猪。

2 老人们衣着整洁，悠然自得，学塾里传来孩子们朗朗的读书声。国家的官吏们以仁爱之心管理着这块温暖的乐土。

3 这幅美好图景不断地在孟子的脑海中浮现。为了宣传自己的主张，实现自己设想的仁义之国，孟子不辞劳苦频繁地奔波于各国之间，这一次他又风尘仆仆地前往魏国。

4 到了魏国后，魏惠王在宫里接见了他。魏惠王问孟子：“老先生这么辛苦，从很远的地方到我这里来，一定带来了能使我们国家强大的好办法吧？”

5 孟子说："大王怎么开口就问给您带来什么好处呢？如果您国家里的人都想着多为自己争抢好处，国家就要灭亡了。"

6 惠王问："那我应该做些什么呢？"孟子说："大王应施仁政，以仁的感召力和德行来征服人，使万民诚服，诸侯来朝。"

7 惠王说："请问老先生，要是这样做的话对我们国家有什么好处呢？"

8"我想，如果人人都去追求仁义，就会更好地赡养自己的亲属，就会把国家的利益放在前面，社会才能安定，国家才能变得强大。"孟子信心十足。

9“大王是否也知道，很多大国的国王都被他们手下的人杀死的事呢？”孟子问魏惠王。

10“知道。先生认为发生这种事的原因是什么呢？”惠王很想从孟子口中得到答案。

11 孟子说："就是因为他们都没有按仁义去做，都以夺取别人的权力和财产为满足，才给国家带来了很大的危害。""嗯，人人都应该讲仁义才对啊。"惠王点头说。

12 过了几天，惠王再次接见了孟子："我有一个没齿难忘的耻辱。本来，人人都知道魏国是天下强国。可是我做国君后，在东方被齐国打败，丢了七百平方公里的土地，在南方又败给楚国。你认为我怎样做才能报仇雪恨呢？"

13 孟子回答说："大王应该用仁义的办法对待老百姓，对他们刑罚不要太重，不要向他们收取太多的赋税。一年四季让他们有点休息的时间，用忠孝去教育百姓，使年轻人在家里都能孝敬父母，出了家门才能尊敬师长。"

14"这样做会怎样呢？"惠王不等孟子说完又问。

15“这样做的话，一旦敌国来侵犯，这些人就可以拿起武器，个个以一当十地抗击敌人。”孟子回答说。

16　惠王又问：“一个国家如果拥有的地方很小，怎么能强大起来呢？”孟子说：“国家的强与弱，不在于拥有多广阔的土地。如果能按上面我说的那样去做，大王要做天下人的王，只要有方圆百里的地方就足够了。”

17 孟子又说："一个好的国家应该是，百姓家即使有八口人也能吃得饱，穿得暖。青年男子既能赡养父母，也能养活妻子、儿女。就是遇到荒年，人们也不会饿死。"

18 孟子的这些主张是有利于人民生活安定和国家发展的。可当时的国君只想怎样才能扩展自己的领地，称霸天下，认为推行仁义是以后的事情，根本没有人重视。

19 惠王听了，口中称好，心里却在想：“没有广阔的土地算什么大王？我一定要争取大片的土地和众多的臣民。”

20 为了达到目的，此后惠王东征西讨，烽烟四起，以至田地荒芜，饿殍遍地，百姓们怨声载道，国家日益衰弱，很快就被强大的秦国吞食了。

仁

博爱利他之道

REN BOAI LITA ZHI DAO

人们称他为『召父』

1 农民刚刚收割完小麦，正是农闲季节。温暖的阳光照耀着大地，树叶儿泛着油油的绿色，各种花儿竞相吐艳，空气中飘溢着阵阵沁人心脾的花香。农民终于可以歇一口气了。

2 南阳的百姓风传着一条不好的消息："太守要征发我们去服劳役了。"

3 大家都很纳闷：我们的太守对百姓那么好，今天这是怎么了？

4 南阳太守召信臣是汉朝有名的贤臣，对待百姓特别仁慈。他今天征发百姓是要为百姓做一件让他们意想不到的事情。

5 等百姓们集合到太守府门前时，召信臣吩咐百姓说："请你们分批到各大路边上建一些凉亭，现在是农闲时候，也不会耽误你们太多时间。"

6 "建一些亭子干什么呀？"有人禁不住问。"到时候你们就知道了。你们马上行动吧！"召信臣笑着说。

7 于是，南阳地区的各主要大道上出现了热火朝天的劳动场景：运石头、搬木料、垒墙……

8 人们还在不停地议论：太守为什么吩咐盖这些亭子呢？

9 人多力量大，没有几天工夫，各大路上的亭子都盖好了，太守亲自在匾额上写上“离乡亭”三个大字。盛夏季节来临了，人们此时终于明白了太守建亭子的用意：人们走在大路上，前不着村，后不着店，酷暑难耐，亭子可以供人们歇脚。

10 召信臣时刻以仁爱民，亲自在南阳各地察看，经常做一些对人民有益的事情。

11　南阳地区经常发生春旱。一到春天，经常不下雨，有“春雨贵如油”的说法。每逢遇到这样的年景，农民的庄稼就会因干旱而减产，严重的时候就什么也收获不到了。

12　召信臣为此很伤脑筋，他召集手下商量解决的办法。他问：“一到春天，农民的庄稼都旱坏了，你们有什么办法吗？”

13“我们也没有什么办法，历来都是这样靠天吃饭，反正前几任太守都不管，您何必管那么多呢？”

14“总不能眼看着百姓受苦不管啊！我是百姓的父母官，我一定要管。”召信臣坚定地说。

15　这时，有一位手下说："关键是应该找到水源灌溉。这里仅有的几个水泉早已堵塞了，根本不能用。"

16　召信臣听到手下的话，眼睛一亮：这些水泉自己也察看过，还是能利用的，只要修整一下就行了。

17 于是，召信臣下令修整全南阳郡的水泉，能挖深的尽量挖深，开通泉水通路，还修了不少水池，不用水时就把水蓄积在水池里，等干旱时都能派上用场。

18 经过召信臣的积极努力，全郡的水泉都得到了极好的修整，清澈的泉水哗哗地流进了农民的田地里，南阳地区的农民再也不用受干旱的威胁了。

19 召信臣为了防止农民争水，还在各田地的地头树立界石，规定各家各户用水的数量和时间。一到干旱时间，农民们都按照界石上说明的情况，井井有条地灌溉田地，从来没有发生一起因争水而引起的打斗。

20 召信臣身体力行，注意人民的疾苦，处处为百姓着想，为百姓谋福利，老百姓非常爱戴他，亲切地尊称他为“召父”。

仁

博爱利他之道

REN BOAI LITA ZHI DAO

叔敖仁爱开山泽

1 春秋时的一个冬日，北风呼呼地刮着，吹在人脸上、身上，冰冷刺骨。光秃秃的树木在冷风中颤抖着，河面上已结了一层厚厚的冰。人们早已穿上棉衣，准备熬过又一个寒冷的冬季。

2 突然有一天，一群人被绑着来到了楚国宰相孙叔敖的府门前，这群人都是贫苦农民，穿得非常破烂，冬天了还都没有棉衣，寒风吹来冻得直打哆嗦，非常可怜。

3 押解他们的兵士拿着鞭子恶狠狠地抽打他们，嘴里还不住地骂着，可怜的农民们跪在地上不住地叩头求饶。

4 宰相孙叔敖这天吃过早饭，正坐在书房里看书，听到府门前吵吵嚷嚷，骂声和哭声连成一片，感到奇怪：是谁敢在这里胡闹呢？他走到府门前，看到了这一情景。

5 孙叔敖赶紧喊道：“住手，不要打他们！你们为什么这么做？”

6 兵士们看到宰相出来了，赶紧住了手，齐声禀告：“这群刁民违反国家法律，不听劝告，竟敢到我们管制的山上去打柴，被我们发现了，绑到这儿请宰相大人发落。”

7 孙叔敖转身问农民们："是像兵士们说的那样吗？"农民们哭着说："是我们不对，大人饶了我们吧！"

8 孙叔敖问："你们不知道国家法律禁止农民上山打柴吗？"农民们齐声回答："我们都知道。"孙叔敖又问："那你们为什么明知故犯呢？""我们也是没有办法啊。到了冬天，天气这么冷，可是我们没有棉衣，整天冻得发抖，我们就大胆上山打柴。求大人饶了我们吧！"农民们声泪俱下地恳求说。

9 孙叔敖听了农民们的话，深思不语：是啊，这么冷的天，农民上山打一些柴木烤火取暖算不上什么大错啊，这其实是我的责任啊。作为国家的宰相看着农民受冻，却把山林河泽管制起来，多么不应该啊。

10 想到这些，孙叔敖大声说：“大家快起来吧，这不是你们的错，我作为国家的宰相，早就应该考虑到这些情况。你们都回家去吧，从今天起国家开放山林川泽，你们可以自由地上山打柴，下河捕鱼了。”

11 农民们简直不敢相信自己的耳朵。什么？宰相不但不治我们的罪，还开放山林川泽？宰相对百姓太好了。他们齐声欢呼，感激孙叔敖的大恩大德，然后高高兴兴地回家了。

12 从此以后，楚国彻底开放山林川泽，百姓们可以自由地上山打柴、下河捕鱼了。

13 孙叔敖作为楚国宰相，处处以仁治民，施德爱民。他从不严令禁止百姓做什么事，而是慢慢地训导，使百姓自我走上正轨。

14 有一次，楚庄王认为百姓们用的车太矮了，马高车矮不便于马拉，决定增加车的高度。他召来孙叔敖说：“你明天传我的命令，叫百姓都必须增加车的高度，否则，我要严厉地惩罚他们。”

15 孙叔敖赶紧劝道：“大王不应该这样以严令让臣民服从，否则人们即使表面服从了，心里也一定不服气。”

16 楚王问：“那么你说应该怎么办呢？”孙叔敖说：“应该施教导民，提高乡间门槛，使矮车无法通过，并让官府和贵族的车辆变成高车，百姓们自会效仿，自然全国就都增加车的高度了。”

17 楚王听从了孙叔敖的建议，果然，百姓们竞相模仿，半年后，全国的车都加高了。楚王大喜，称赞道：“孙叔敖可真是懂得民心的好宰相啊！”

18 孙叔敖做宰相，以仁治民，善于体察民情，实行仁政，真可谓“仁人贤相”了。

仁

博爱利他之道

REN BOAI LITA ZHI DAO

四菜待客的县令

1“有朋自远方来，不亦乐乎！”一天，大唐清漳县令冯元淑特别高兴，因为一位阔别多年的好友从远方来拜访他。

2 老朋友相见，分外高兴。两人促膝相谈，十分畅快，不知不觉已是中午了。

3 冯元淑忙吩咐家人说：“今天我的老朋友来访，多加几个好菜。”

4 朋友赶紧劝道：“不必太客气了，随便吃一点就行了。”

5 冯元淑说："你远道而来，应该好好接待嘛！"

6 到了吃中午饭的时候，朋友傻眼了：桌上只有四个菜，并且都是家常饭菜。朋友有些不高兴，心想：你冯元淑身为县令，吃什么没有啊！招待远方的朋友就这几个家常菜，真是太不够意思了。

7 朋友当着冯元淑的面又不好多说什么。等到吃完饭后，朋友私下里对冯元淑的仆人说：“你们大人太不够义气了，对远方的朋友这么吝啬，吃饭时只给我上了四个菜！”

8“你错怪我们大人了。今天的菜对我们大人来说可是最好的了，大人平常每顿只吃一个菜，有时甚至不吃菜。今天招待您这位老朋友，才吃四个菜。”仆人为冯元淑鸣不平。

9“什么？”朋友听了，半信半疑。仆人又说：“这不足为奇，我们大人非常节约，有时每天只吃一顿饭。”

10“你们大人为什么要这么节俭呢？”朋友不解地追问。

11“我们大人是怕浪费百姓的钱财。他常说，百姓们生活不容易，对他们的血汗钱我们要珍惜，不该用的绝不乱用。他平时就这样省吃俭用的。”仆人为主人的高尚行为而自豪。

12“你们大人自己不是有很高的俸禄吗？”朋友又问。“我们大人的俸禄本来是不少，可是大人把节省下来的钱有的用来救济穷苦百姓，有的给县衙公用了。”仆人说。

13 朋友听了仆人的话，感叹不已："看来是我错怪你们冯大人了，他真是爱民如子的父母官啊！"

14 冯元淑就是这样一位处处为百姓打算、以仁理政、克己为民的好县令。

15 有一次，他的马夫向他报告说喂马的草料快没了，请求去买一些草料回来。

16 冯元淑问：“现在还剩下多少草料？”马夫说：“顶多够用两个月。”

17 冯元淑说：“现在草料这么贵，不要买草料了，节俭一些就行了。”仆人问：“可是怎么节俭呢？”

18“这样吧，早晨和下午把马放到山上，只是中午喂一顿就行了。”冯元淑说。

19“这怎么行呢？”仆人说。冯元淑说：“怎么不行呢？这些马平常不是太累，吃得太多也是没有用处，白白地浪费草料，这些马也应该学会‘斋戒’。”这件事传出去，老百姓都很感慨。

20 可是，也有一些人对冯元淑的做法不理解，难免议论纷纷，更有一些官绅大夫说冯元淑是故意这样做的，目的是为自己捞取好名声，以便将来能当大官、发大财！

21 冯元淑听到人们的议论，不以为然地说：“节俭是我的本性，仁爱百姓也是我的本性，我不觉得苦，也不想捞取什么名声，只求为民造福！”

22 一个人居官而克己节俭已经是难能可贵，同时能把节省下来的钱财资助老百姓或用于公事就更难了。没有以仁为本的爱心，要做到这一点是不可能的，而冯元淑就是这样一位有仁爱之心的人。

仁

博爱利他之道

REN BOAI LITA ZHI DAO

商汤捕鸟网开三面

1 夏朝末年的国王夏桀荒淫残暴，整日吃喝玩乐，恣意搜刮老百姓的钱财，连年对外侵略征战，并用残酷的刑法镇压人民的反抗。人民处于水深火热之中，都希望夏桀早一天死去。

2 谁能带领人民来推翻夏桀的统治呢？商汤勇敢地担起了这个重任。

3 商族是居住在我国北方的一个古老的民族，汤是商族始祖的第十四代孙。目睹夏桀日益失去民心，商族的势力又一天天地强大，汤便决心从北方南下，推翻夏桀王朝，救人民于水火。

4 商汤是一位仁慈善良、爱惜百姓的首领。他深知，要推翻夏桀的政权，首先要争取民心，使天下的百姓都乐意归附，天下有才能者都愿意辅佐他，绝不能单靠武力。

5 一天，汤到郊外出游，看见一个人从四面架起网，然后，便向天祷告：“愿来自天下四方的飞鸟，都落入我的网中。”

6 这时，正在天空自由自在飞行的小鸟们，不知不觉进入捕鸟人的网中。它们左冲右突，怎么也冲不出去，不时发出“啾啾啾”的哀叫声。

7 汤看到这种情景，心里很有感触，便上前对捕鸟的人说：“喂！你这样捕鸟，会把天下的飞鸟都捕尽的！”

8 汤命令手下的人撤去三面网，只留下一面网，然后向上天祷告说：“想从左面飞去的鸟，就从左面飞走吧！想从右面飞去的鸟，就从右面飞走吧！那些乱飞的鸟，只好进入我的网中了。”

9 商汤网开三面的故事，很快便在夏桀统治下的各国传开了，人们都说："汤的德行太高了！连对禽兽都有一副仁慈的心肠，更何况对百姓！"

10 从此，各诸侯国的人都企盼商汤能够早日成为自己的君王。

11 不久，商汤起兵征讨夏桀，锋芒直指葛国。葛是汤的邻国，葛国国君很放荡，甚至不祭祀祖先。

12 汤知道后派人责问葛国国君：“你为什么不祭祀祖先？”国君葛伯回答说：“没有祭祀用的牛羊啊。”

13 汤便派人送去牛羊，可葛伯却把牛羊宰杀了吃肉，还是没有祭祀祖先。

14 汤又派人问："你为什么还不祭祀？"葛伯说："没有祭祀用的粟米。"

15 汤又派民众前往葛国为葛伯种田，还向老人和小孩赠送食物。

16 这时葛伯率人乘机抢夺酒食粟米，谁不给就把谁杀死，米肉被夺走。

17 商汤出兵讨伐葛伯，在当时影响很大，各诸侯国的人都说：“商汤讨伐葛伯，不是为了自己得天下，而是为平民百姓报仇啊！”

18 商汤讨伐葛伯得到了各国人民的拥护，这为他推翻夏桀的正义战争开创了十分有利的局面。

19 商汤从起兵伐葛到最终推翻夏桀王朝，先后共进行了十一次征战。当商汤率兵从东面征伐夏桀的时候，夏桀西面属国的人民就有怨言。他们都说：“汤为什么不先来讨伐我国的昏君，把我们排在后面？”各诸侯国人民盼望商汤的到来，就像久旱盼甘霖。

20 商汤的军队纪律严明，凡是商汤讨伐夏桀的军队所经过的地方，赶集的人照旧进入市场，锄草的农夫依然在田间耕作，丝毫不受惊扰。

21 商汤讨伐暴君，慰问百姓，犹如旱季降雨，天下百姓无比喜悦。

22 商汤捕鸟网开三面的故事，体现出他的仁慈心怀。这种仁慈心怀，主要表现在他对当时人民所遭受的苦难非常同情。他向葛国的老人和孩童赠送食物，因为无辜的儿童被杀害而讨伐葛国，这使他赢得了各国人民的拥护。因此，他的军队所向无敌，终于推翻了夏桀的残暴统治，建立了商王朝。

仁

博爱利他之道

REN BOAI LITA ZHI DAO

汲黯放粮不怕死

1 多么可怕的洪水啊！天空中一直下着雨，整个河内（今陕西）地区雨水过多，河流暴涨，黄河大水滚滚而下，气势汹涌，人们的房屋被冲毁了，牲畜被冲走了，庄稼被淹没了。

2 人们受不了这可怕的洪水，纷纷祈求上天停止下雨：“天啊，可怜可怜我们吧！”“天啊，我们不要这么多雨啊，快别下雨了！”

3 可怕的降雨总算停止了，洪涝接着也消失了，人们满怀希望地重新整理被水灾破坏的一切，盖了房子，买了牲畜，地里也重新种上了庄稼。

4 但是，可怕的旱灾又降临到大地上，一连好几个月都不下雨，太阳整天晒着，把地里的庄稼全部晒死了。

5 庄稼死光了，人们没有吃的，河内地区出现了令人目不忍睹的景象：牲畜被吃光了，草根、树皮被吃光了，有些地方出现了吃人的现象……

6 河内地区的人们绝望了，饥饿撕扯着人们疲惫的灵魂，人们多么需要粮食啊！哪怕只有一小点儿，也能延缓那细若游丝的生的希望。

7 这时，汲黯来到了河内地区。他是汉武帝的使者，专门负责迎接宾客和奉命出使外地。

8 这次，他正好路过多灾的河内地区。一到河内，汲黯就看到了枯死的庄稼、饥饿的百姓、被饿死的人的尸骨。

9 面对此情此景，汲黯想必须赶快救济百姓，不然，百姓就活不下去了。于是，他马不停蹄地来到了河内地区官府。

10 汲黯一到官府，就立即派人把太守叫来，让他详细汇报河内的灾情。

11 太守赶紧向汲黯汇报说：“先是无休止的水灾，接着又是可怕的旱灾，农民苦苦劳动，却没有收到粮食……”

12“你们怎么不向皇上报告呢？”“已经派人报告去了，过一段时间才回来。”

13“太晚了，这里每天都会饿死许多人呀！”太守吞吞吐吐地说：“我们也没有什么办法啊！”

14 汲黯着急地问太守：“这里的粮仓里有存粮吗？”“有。”

15“那你们为什么不赶快救济百姓？”汲黯气愤地对太守说。

16 太守看到汲黯发这么大的火，心里也非常害怕，仍硬着头皮说：“没有皇帝的命令，我不敢开仓放粮啊！”

17 汲黯沉默了，是啊，没有皇上的命令，谁要是私自打开国家粮仓库放粮，那可是要杀头的啊！但也不能眼看着百姓饿死不管啊。

18 汲黯的眼前又浮现出了百姓们哀哀的呻吟、痛苦的挣扎……现在救人要紧，就是我被杀头，也要救这些快被饿死的百姓。

19 想到这里，汲黯果断地对太守说：“开仓！把粮食取出来救济百姓！”开仓？太守怀疑自己听错了。没有皇上的命令，开仓是要被杀头的啊！

20 他提醒汲黯说：“大人，没有皇上的命令啊！”“现在救人要紧，到时候如果皇上怪罪下来，一切后果由我承担！”

21 太守被汲黯的大胆果断所震服，终于答应开仓救济百姓。

22 河内地区的人民得到救济的粮食，没有了饥饿的威胁，生产生活很快得到恢复。

23 后来，汉武帝知道了这件事，非但没有惩罚汲黯，还对汲黯大加赞赏。

24 仁爱有时也是要冒风险的，只有不顾个人安危，一心为民的仁爱，才是真正的大仁大爱啊！

仁

博爱利他之道

REN BOAI LITA ZHI DAO

魏文侯与民休息

1 战国时期，魏文侯建立了魏国。魏国有一个地方官，名叫解扁。

2 有一年，解扁为了讨好上司，驱使劳累一年的农民，在冬天里上山砍柴，整个冬天干个不停。农民砍下的树木可真多啊，堆积得像一座座小山似的。

3 一直砍到冬去春来，燕子飞回，冰雪融化，才停下来，农民们累得腰酸腿疼，苦不堪言。

4 可是，解扁还不允许农民休息，又让他们把砍下的木材编成木排，然后把木排顺河运下来，拿到集市上去卖，卖了很多钱。

5 于是解扁高兴极了，心想：我的成绩这么大，魏文侯一定会重重地奖赏我，封给我一个大官儿做。

6 朝廷里的一些大臣，看到东封的地方官上交这么多钱，非常高兴，认为解扁的功劳太大了，于是他们上奏国君，请求重赏解扁。

7 魏文侯却不这么想，他想知道解扁是怎样得到这么多钱的，于是召见了解扁。

8 魏文侯问：“东封的耕地没有扩大，种地的农民也没有增加，为什么上交给国家的财赋会增加三倍呢？”

9 解扁还以为魏文侯欣赏自己的“政绩”呢，自己升官发财的机会到了，便眉飞色舞地讲了起来：“我让农民在冬天也不休息，有效地利用时间，上山砍柴卖钱。”解扁讲个不停，忘乎所以，手舞足蹈起来。

10 魏文侯早已皱起眉头，他生气地对解扁说：“我来问你，那些种田的农民春天都干什么？”解扁一时丈二和尚摸不着头脑，疑惑地回答说：“犁地、播种呀！”

11　文侯又问："农民们在夏天时干什么？"解扁答道："锄草、施肥。"

12　文侯又问："秋天时，农民们干什么？"解扁答道："秋天庄稼熟了，抓紧时间收割呀！"

13 文侯接着说："正是这样，农民们一年四季里只有冬天田间没有什么农活可干时，才有一点休息时间，养精蓄锐，以利明年种好地。这个时候，你却逼着他们上山砍柴卖钱，这样一来，虽然增加了财赋收入，但是农民们一年四季就没有一点休息时间了！""这、这……"解扁无言以对，脸红了。

14 魏文侯接着说："这不是把农民弄得疲惫不堪吗？到农忙季节，农民们哪里还有力气耕田，这不是杀鸡取卵吗？"

15 结果，解扁非但没有受到奖励，反而被罢了官。

16 魏文侯常常教育大臣要爱护老百姓。派到中山任丞相的大臣李克积极执行文侯关心老百姓疾苦的政策。

17 一次，魏国丞相李克发现苦陉县令上交的财赋增加了许多。

18 李克认为这是苦陉县县令多向人民收税的结果，便找来该县县令，语重心长地对他说："讲起话来头头是道，听起来让人悦耳，但不合乎仁义道德，这叫作欺诈不实的议论，正直的人是不会相信的。"苦陉县县令点头称是："丞相说的对。"

19　李克接着又说：“苦陉县没有高山、森林，也没有川泽，物产并不丰富，农民只靠种地生活，可是财赋却很多，这一定是用不正当手段得来的，正直的人是不会接受的。你还是不要向老百姓收取那么多的赋吧。”苦陉县县令听了李克的话，惭愧地低下头，于是取消了不该多收的赋税。

20　魏文侯关心老百姓疾苦，老百姓日子越过越好，国家也日益富强起来，后来魏国也成了“战国七雄”之一。

仁

博爱利他之道

REN BOAI LITA ZHI DAO

文王爱人埋枯骨

1 土丘上，烈火在熊熊燃烧，横架在烈火上的铁筒已经被火烧得通红。

2“走、快走。”几个士兵押着一个被捆绑的人走上土丘，犯人吓得哆哆嗦嗦。

3 四周围着好多观看的人，这时，台下的执刑官大喊道：“用刑。”

4 犯人赤着双脚，被士兵用刀枪逼着向地上通红的铁筒上走去。看到烧得通红的铁筒，犯人吓得脸色如土，无力移动双脚。士兵怒喝着用刀砍向犯人，最后犯人被逼上了大铁筒。

5 可是刚一上去，犯人的双脚即被烤糊，一阵钻心疼痛。犯人大叫一声，向后一翻，从铁筒上掉到烈火里。

6 这种刑罚叫“炮烙”，是商朝君主纣王设计出来的，专门用来惩罚不尊敬他的人。

7 纣王非常残暴，就喜欢制造一些酷刑来杀人。看着犯人受刑的惨景，他就会乐得手舞足蹈。

8 商朝人民整天提心吊胆，担心自己一不小心就会被处死。

9 纣王贪财好利，他要求百姓交很多很多的租，不停地搜刮百姓。

10 仓库里的粮食多得放不下了，他就把粮食酿成酒，整天喝酒享乐。

11 生活在纣王统治下的人民很苦、很穷。

12 当时商朝西方有一个叫周的诸侯国，国君是周文王，他和纣王正好相反，十分仁慈。

13 有一天，周文王坐车到郊外去。在荒野中，地上有一堆死人的骨头，天长日久都已经枯烂了，周文王看了感到心里很不好受，他对随从们说："你们在这附近挖一个坑！"

14 随从们感到很奇怪，就问："在这荒郊野外挖坑干什么？""挖好坑以后，把这些枯骨掩埋起来。"周文王说。

15“这不知是谁家死去的人的烂骨头，何必埋它呢？”周文王叹了口气说：“不管是谁家死去的人的骨头，都应有个埋葬的地方。这样暴露在荒郊野外，叫人看了总觉得不好受的。”

16 于是随从们在附近挖了个坑，把那堆枯骨埋好。

17 随从们干完活，文王又解释说：“我是咱们周国的国君，就是这个国家的主人，所有的周人都是我的臣民，我应该对他们负责啊！”周文王讲仁义埋葬枯骨的事很快在当时各国传开了，人们议论纷纷。

18 “文王太仁慈了，连无名的枯骨都埋葬好，真是仁义之君啊！”“他对死人都这么好，对活着的百姓一定会更好！”“周文王对百姓这么好，咱们为什么不逃到那里去呢？”“对呀，咱们到周国去。”

19 于是，各国的人都纷纷投奔到周国来，周国每天都要接待不少从各国来的百姓。

20 周文王对他们非常友好，给他们吃的、住的，并且分土地让他们耕种，对有才能的人也加以重用，完全像对待周国人那样来对待这些归附的人。归附的人越来越多，周国逐渐强大起来了。

21 周文王还注意成人之好。诸侯国之间发生争执，他都尽力调解。周文王逐渐成为各国的领袖。

22 周文王看到商纣王荒淫残暴，人民的生活十分困苦，就下定决心推翻商纣王的统治。他仁慈爱民因而得到人民极大的支持，不久，周文王和儿子武王消灭了商纣王，建立了西周。周文王统治周国长达五十多年，他以仁义治国，以仁慈爱民，得到了天下人的衷心拥护。

仁

博爱利他之道

REN BOAI LITA ZHI DAO

文翁兴学开教化

1 天刚刚亮，蜀郡地区（今成都）的人们便轰动起来，潮水般地涌到郡府门前的一座新房子前，惊奇地观看本郡的一大奇观。

2 这是发生在汉朝时期的故事。不一会儿，蜀郡郡守文翁走了出来，人们纷纷围上去。

3 郡守大声向人们宣布：“这所新房子就是咱们蜀郡第一所学校。”

4 学校！什么叫学校啊？蜀郡的人第一次听说这个名字，学校在他们心目中或许是一个新的官府机构呢！

5 原来，蜀郡在汉朝时还没有开化，一直处于蒙昧状态，老百姓生活特别贫苦，他们根本不知道学校是什么，更不知道它有什么用。

6 文翁一任蜀郡太守，就意识到了这个问题的严重性。有一次，两个人打架，打得头破血流，文翁处理这件事情时问他们：“人和人之间要讲求仁义，互相谦让一些，你们为什么光打架呢？”可是那两个人都不解地说：“什么叫仁义啊？我们以前从来没有听说过！”

7 又有一次，有父子俩吵架，一直闹到文翁那里。文翁训斥那个年轻人说："做儿子的要讲求孝道，难道你不懂吗？""什么叫孝道呀？"年轻人迷惑不解。

8 这些事情让文翁觉得有必要教育开化这个地区的人民。于是，他召集随从商量这件事："我看这里的人还没有开化，应该教化他们。"

9“我们也知道这个问题，可是历任郡守都不管，我们何必操心呢？”文翁叹息说：“这只能是当官的失误啊！如果一直不教育他们，他们什么时候才能开化呢？做百姓的父母官，一定要以仁爱为政啊！”

10“那么我们怎样才能教化这些人呢？”随从们问。“我想在这儿办一所学校。”

11“可是到哪里找老师呢？”“我们先选一批聪明好学的人到京城学习，他们学成后回来，就可以教育百姓了。”随从们听了文翁的主意，都非常赞成。

12 于是，随从们都争先恐后地遵照文翁的吩咐行动起来。文翁首先挑选了一批聪明好学的青少年到京城学习，先培养学校的教师。

13 接着，文翁又下令在郡守府门前建起了一座高大的房子作为校舍。

14 等到那些到京城学习的青少年学成回来后，文翁宣布学校成立。

15 文翁在全郡的青少年中选了一批人，成为学校的第一批学生，官府给了他们很多好处，免除了他们的徭役，供给他们吃住。

16 这些人学成后，都担任了蜀郡的官员，继续负责教育训导百姓。

17 蜀郡的人们终于明白了什么叫学校以及读书的众多好处，于是都争着上学，接受教育。

18 其后，文翁又在全郡盖了好多学校，使蜀郡的许多青少年都能读书学习。

19 没过几年，蜀郡的社会风气迅速好转起来，人们生活富裕了，文明礼貌、相互谦让、孝敬父母等，和当时文明教化较好的齐、鲁等地相比也不逊色。

20 文翁以仁为政，训导教化人民收到了显著的效果。至今巴蜀地区的人们崇尚文明礼貌，社会风气文明良好，不能不说是文翁教导训化的结果。

仁

博爱利他之道

REN BOAI LITA ZHI DAO

荀子仁战为百姓

1 大思想家荀子生活在各国拼命厮杀、你争我抢的战国时代。

2 荀子常到各地去游历，所到之处哀鸿遍野，尸骨成堆，人烟稀少。每每看到这种凄惨的景象，一股悲凉就会袭上他的心头。

3 荀子冷静地想：都是那无休无止、烽烟四起的战争，造成这样萧条的景象。可怎样制止这些残酷的、令生灵涂炭的战争呢？荀子经过苦思冥想，终于提出了仁战的主张。

4 荀子实在不忍心看到老百姓继续遭受战乱所带来的巨大痛苦，于是决定周游各国，奉劝各国都讲仁战。

5 一次，荀子来到赵国。

6 正巧楚国的临武君也在赵国。临武君和荀子一样是当时很有名望的学者。

7　赵国国君孝成王正在谋求强国的妙策，听到他俩到来，立即盛情接待了他们。孝成王把他俩请到富丽堂皇的宫殿里，虚心地向他们请教用兵的要领。

8　临武君说："用兵的要领有二：一要有好运气，二要占领有利地势。"

9 荀子不同意临武君的意见，他反驳说："如果各国无休止地征战，尔虞我诈，不讲信用，必将得不到人民的拥护，那么，就算运气好，地势有利，最终也必然失败。因此，我认为，用兵的要领只有一点，那就是必须得到人民的拥护。"

10 临武君看到孝成王津津有味地听着荀子的话，心里酸溜溜的。

11 但他不甘示弱，进一步争辩说："不，不，我认为作战的要领只有一点，就是在对方没有准备时，偷偷地去进攻。"荀子一向反对不讲仁义的做法，听到临武君提出要偷偷进攻别国，非常气愤。

12 他坚决反对说："对讲求仁义的军队，用欺骗手段是无济于事的。因为讲信义的军队，官兵一心，上下一致。在同敌人交锋时，队伍行列整齐，纪律严明，士兵作战勇敢，不怕牺牲。这样的部队像一把锋利的宝剑一样刺入敌人的心脏，敌人必然溃不成军。"

13“再厉害的部队也经不住突然的袭击。”临武君迫不及待了。荀子知道，像临武君这样好战的人，为了达到自己的目的，什么卑劣的手段都会使出来的。但他坚信，广大人民才是决定战争胜败的根本力量。

14 他继续说：“讲仁义的军队必然会得到人民的全力支持。其实，早在敌人袭击之前，老百姓就能摸清敌人的底细，会主动报告给部队；等敌人来攻时，部队早已做了充分准备，以迅雷不及掩耳之势痛击敌人，这样，最终失败的还是敌人。”

15 孝成王听了荀子的话，深受启发。

16 他按照荀子的方法训练部队，果然一次又一次地击败了来侵略的敌军。从此，赵国实力大增，成为强盛的国家。

17　赵国的成功使荀子仁战主张的影响越来越广泛。荀子的学生也对仁战的主张产生了浓厚的兴趣。他们学习老师的思想，希望能像老师一样把思想运用于实践中去。

18　一天，荀子正讲他的仁战思想时，有一个名叫陈嚣的学生提出了一个尖锐的问题。他问荀子："老师，您讲用兵时，又常常提到要仁义信用。可是，用兵就是打仗，就是杀人，而讲仁义信用是要爱护人民，取信人民，这不是互相矛盾吗？"

19 荀子觉得陈嚣的问题提得好，就趁这个机会给同学们解释道：“讲仁义信用，确实是要爱护人民，可是，大家想想，要爱护人民，不惩罚那些残害人民的坏人能行吗？不用正义的战争驱逐敌人，敌人会自动撤退吗？更主要的是，人民也会加入这种正义的战争。只有那样，人民才会过上幸福的生活。”

20 荀子的仁战主张告诉我们，人民的力量是不可战胜的，战争的最后胜利永远属于爱护人民的军队。

仁

博爱利他之道

REN BOAI LITA ZHI DAO

周济仁爱放『罪人』

1 明朝时期，在安庆地区流传着这样一个真实的故事。

2 一天清晨，太阳刚刚从东方出来，温暖的阳光照耀着从沉睡中苏醒过来的大地。

3 安庆知府大人周济刚刚起床，洗漱完毕后，正坐在书房里看书。

4 突然，知府门前一阵吵闹，并夹杂着叫骂声和哭喊声。周济纳闷了：知府门前一向清静，有谁这么大胆跑到这里来无理吵闹呢？于是信步走出书房，来到门前看看究竟发生了什么事情。

5 只见一群骨瘦如柴的农民被捆绑着跪在知府门前，都低着头，眼里流着泪水。一群如狼似虎的家丁在一个富人的指挥下，挥舞着鞭子抽打着这些跪在地上的农民，一边抽打，一边嘴里不停地骂着。农民经受不住皮鞭的抽打，大声哀叫。

6“快住手！为什么打人？”周济看到这副情景，大声喝道。

7 富人连忙说："请知府大人做主，这群刁民是一群强盗，他们昨天夜里跑到我的粮仓里偷抢粮食，被我的家丁们抓住了。所以，今天送到您这里，请知府大人重重地治他们的罪。这些刁民太猖狂了。"

8 周济听了富人的话，转身问那些农民："是这样吗？"农民们说："求大人恕罪，我们是抢他的粮食了，可是我们实在没有办法啊！我们不能眼睁睁地看着一家人饿死呀……"

9 农民们说不下去了，呜呜地哭了起来。周济明白了事情的原因。

10 他深深责备自己，农民都饿得快不行了。我身为他们的父母官，早应该安抚啊！于是他对那个富人说：“看在我的面上，把这些人放了吧，他们也是迫不得已啊！这样吧，你回去清点一下粮仓，算一算少了多少粮食，我从官府粮仓里补给你，怎么样？”

11 那个富人一看知府大人决定赔偿自己的粮食，也乐意送个人情，便爽快地答应放人。

12 周济对那些农民说："这都是我的责任，没有及时了解你们的生活情况，以后你们如果有什么事可以先向我说明，不能任意抢人东西。今天大家先回家吧！我会派人开官府的粮仓，你们没有吃的，可以到那里领取。"

13 农民们看到知府大人放了他们，又救济他们粮食，知道自己遇上了爱民的好官。他们大声欢呼，齐声感谢周济的大恩大德。他们高高兴兴地从官府粮仓中领了粮食回家。

14 周济做安庆知府，时刻注意仁慈爱民。他对百姓们的疾苦非常了解，经常做一些有利于百姓的事情。

15 有一年安庆地区遭受天灾，百姓们没有收获多少粮食，出现了饥荒。百姓们纷纷出外逃荒，有的地方的人甚至把孩子都卖了，换一点点可怜的粮食充饥。

16 周济非常焦急，自己身为知府，却看着百姓们挨饿逃荒、卖儿卖女，这怎么能行呢？得赶快想办法救济百姓。

17 可是粮仓里没有粮食了，怎么办呢？这时，恰巧有贩运粮食的船只从这里经过，周济于是用官府的钱把粮食买下来，马上赈济百姓，使百姓们的生活迅速安定下来。

18 周济又上书皇上，请求免去安庆地区百姓们的租税。

19 他又贷给农民粮食种子、农具等，使农业生产迅速恢复，人民生活也逐渐富裕起来。

20 有仁爱之心的人，才会有为民请命之举。周济为政，以仁爱为本，为百姓着想，所以得到了人民的爱戴。

仁

博爱利他之道

REN BOAI LITA ZHI DAO

子产为相施仁爱

1“宰相子产去世了！”郑国的百姓奔走呼号，传递着这一令人痛心的消息。郑国的人民从四面八方会集到宰相府，哭祭他们的宰相。一时间，宰相府门前人山人海，哭声一片。青壮年号啕大哭，老年人也像无助的儿童一样泪流不止。子产的死，把所有的郑国人带入了一片悲痛的气氛中。

2 子产做宰相深得人民爱戴。他从做宰相的第一天起，就下定决心要让老百姓都能过上好日子。

3 郑国的土地灌溉条件很差，遇到干旱的年景，庄稼收成不好，农民就要忍受饥饿的折磨。

4 子产任宰相后，亲自带领百姓们兴修水利，疏通水道灌溉农田。

5　没过几年，郑国的田地治理得井井有条，水利设施井然有序，郑国人民的生产终于不再被旱涝所左右了。“我们有这么完善的水利设施，完全都是我们的宰相子产给我们兴建的啊。”郑国的百姓对子产感激不已。

6　子产曾说：“我是你们的宰相，为你们百姓做一些好事情是我的职责。”

7 子产宽厚爱民，对百姓们的自由言论不加严厉限制，而是重在引导。郑国首都有一所乡校，人们总是到那里去聚会、游玩。这样，常常很多人聚在一起，议论一些国家大事。

8 有一天，一位大臣找到了子产，建议说：“我认为应该把乡校拆掉。”“为什么？”子产不解地问。“乡校对人教育意义不算大。再说，这么多人聚在一起评论时事，不是什么好事。”

9“怎么不是好事？”“这些人随意评论，胡说一通，有些歌颂国家的，但有些批评政事，有的指责大臣，甚至国君。这对国家没有好处，对您也不利呀？”

10 子产终于弄明白了这位大臣的意思，于是耐心地劝导说：“我和你的看法不一样。人们议论国家，说明他们关心国家大事，我们不要制止他们。他们说好话，我们听了，就认真地去执行。他们说坏话，我们也要听，我们可以改正或不做坏事。这些议论对我们大有用处啊。”

11 那位大臣又接着说："如果我们拆掉乡校，不好的议论自然就没有了，这不是很有效的吗？"

12 子产说："用强力制止人们的议论，不是长久之计，人们的不平憋在心里，早晚要爆发出来的。"

13 子产想了想，又说："这就好像防止河水泛滥，河水冲破河岸，出现了大口子，就很难制住。如果我们平时开个小口把水放掉一些，再加以疏导，就不至于引起河水冲破河岸了。"

14 那位大臣茅塞顿开，急忙说："我明白了，关闭或拆毁乡校，不如让它存在，让人们去议论，这更有利于我们治理国家啊！"子产笑着点了点头。乡校终于在郑国保存下来。

15　子产以仁治理郑国，收效很大。他执政第一年，郑国就上下有序，尊老爱幼；执政第二年，人们言而有信；第三年，夜间不用关门，路不拾遗；第四年，人们把工具放在田里也没有人偷。

16　子产以仁爱兴国，与民宽厚，社会安定，百业兴旺，百姓人人称赞，深深得到人民的拥护。

17 子产治理郑国共二十六年，受到人们极大的爱戴。所以，子产死后，出现了全国百姓哭祭的一幕。

18 子产以仁治民，宽厚爱民，使老百姓安居乐业，所以得到人民的拥护，成为被千古称颂的一代名臣。

编后记

以《中华文圣——孔子》为代表的中华优秀儒学传统文化中的精华“诚”“信”“忠”“孝”“仁”“和”“礼”“义”“恕”“廉”“智”“行”的系列故事共13册大型原创手绘连环画丛书，是我前后历经17年业余时间搜集、阅读、整理、编写的成果。在2019年8月，这套共13册的大型原创手绘连环画丛书，终于由东方出版社出版，完整地呈现在读者面前。我17年的煎熬，虽苦犹乐，甚感欣慰。

出版这套大型原创手绘连环画丛书，是我多年的热切追求和梦想。正所谓“路曼曼其修远兮，吾将上下而求索”！几十年来，在我日常生活或社会交往中，在车站、机场、码头或其他公众场所，常见到“无尊长、无敬畏、无廉耻、无忠孝、无礼让、无诚信”等道德缺乏、行为失范的社会现象，引起了我的深刻思考：难道历经数千年的中华民族优秀传统文化在当今就没有用了吗？然而，纵观世界先进国家的发展历史，我深切地感受到：一个具有优秀素养的民族，乃国家强盛的根基；尤其是在社会不断开放，科技飞速发展，传播手段多样，各种文化现象、思想相互碰撞冲击的今天，弘扬传承中华民族优秀的传统文化，尤显迫切和重要，仍具有重要的现实意义。

编辑出版中华民族人文修养经典故事丛书，愿中华民族优秀传统文化的人文核心价值，在国家发展的历史进程中，重塑“引领风尚、促进和谐”的精神文明，让全社会进一步树立扬善去恶、明辨荣辱的观念，构建“助人为乐、以和为贵”的良好人际关系。让优秀的传统文化如春风、似春雨，滋润更多人心，让千年文明之光照耀中华大地。

“明理须读书，立德先修身。”我苦心孤诣策划出版这套大型原创手绘传统连环画丛书，意在用通俗易懂的方法和以事感人、以理服人的大众传播方式，弘扬传承中华民族的优秀文化。本丛书用许多故事来反复印证主题——“读书百遍，其义自见”，试图对广大青少年和社会大众在加强修养、提升个人素质方面起到潜移默化的作用，以中华民族优秀传统文化的伟大力量，去激发中华儿女昂然崛起的生命冲动，实现中华民族的伟大复兴！

如是，则民族幸甚，国家幸甚，天下幸甚！

由于学识有限，加之该文化工程面宽量大，难免有疏漏错误之处。主观上想扬弃和倡导的东西，客观上未必尽能如愿，希望读者朋友评点是非，明勘谬误，求其正范。

“中华民族人文修养经典故事”丛书

李彗生

2019年5月